Éric Jackson Perrin

Astrología maya practica

El libro para averiguar e interpretar tu firma galáctica maya

©Traducido del francés por Andrés Almagro González

EJP

****

Mi más sincero agradecimiento a Nieves, Félix, Claudio y Aton por sus enseñanzas.

Y a todos los investigadores e investigadoras que han contribuido a recuperar y compartir la memoria, la sabiduría y la cultura de los pueblos mayas.

****

Libros en ingles del misto autor

The new I Ching

The birth Diamond – Sacred numerology – Kindle amazon

****

© 2015 – Eric Jackson Perrin
www.coaching-evolution.net

Edición: Eric Jackson Perrin
69300 Caluire et Cuire - Francia

ISBN 979-10-94871-13-3

Impreso en Alemania por: BoD
Depósito legal: Noviembre 2015

INDICE

Érase una vez… ¡la astrología maya!

In Lak'esh Ala K'in, Buenos dias y bienvenidos Hermana o Hermano. En un caluroso día del mes de julio, a comienzo de los años 2000, en una casa al pie de una montaña cubierta de pinos mediterráneos, en un pueblecito de la isla de Mallorca de donde en parte soy originario, descubrí la astrología maya.

Aunque llevaba practicando la astrología occidental más de 20 años, aquel día no pensaba descubrir gran cosa. Sin embargo, aquello fue un shock, una sacudida, y la oportunidad de percibir mi «esencia», como si entrara en un túnel hacia el interior de mí mismo al término del cual se encontraban las llaves que, en el fondo, buscaba para avanzar.

Todo ello también me ha permitido tener otra visión del espacio y del tiempo, ya que los mayas sabían desde hacía mucho tiempo que las civilizaciones nacen, se desarrollan y después desaparecen, y no solo sobre la Tierra, sino también en otros lugares. Por último, también me ha permitido tomar conciencia de la parte del ser humano que es eterna. Después dediqué mi tiempo para formarme en compañía de mis amigos y amigas, y después para experimentar.

La astrología maya es atípica, sorprendente y apasionante. Parece proceder de otra dimensión espacio–temporal en la que la eternidad y la cotidianeidad cohabitan de forma armoniosa. Ha sido durante mucho tiempo absorbida por las sucesivas corrientes históricas con el resto de la cultura maya. Pero desde hace algunas décadas la escritura maya, su cultura y la astrología de la que forma parte han emergido a la actualidad gracias a hombres y a mujeres cuyo empeño consiste en devolverla a la vida y compartirla con los demás. Ese mismo deseo me ha llevado a escribir este libro y a compartir contigo, querido lector, todo lo que he aprendido y vivido desde entonces.

Hay poca literatura acerca de la astrología maya. Este libro propone a sus lectores adquirir sólidas bases de conocimiento de la astrología maya y ayudarles a realizar el apasionante viaje interior hacia el centro de nosotros mismos. La meditación del sol al final del libro te explica como reconectarte con la "Fuente de toda vida".

Buen viaje.

Un cordial saludo, Éric Jackson Perrin

Introducción

El lugar de la civilización maya en la historia de la humanidad

Hace 75.000 años un «súper–volcán» de la isla de Sumatra, en Indonesia, provocó una catástrofe climática a escala planetaria. No era la primera, pero sí la más reciente de una amplitud semejante. En consecuencia, las temperaturas descendieron rápida y acusadamente. La Tierra se recubrió en gran parte de una gruesa capa de hielo y el nivel de los océanos tuvo un brusco descenso.

Posteriormente, entre 22.000 y 8.000 años a.C., la Tierra se calentó de nuevo y el nivel de los océanos aumentó 130 metros. Toda una civilización que florecía en las costas norteamericanas y mejicanas desapareció bajo las nuevas mareas, y una multitud de olas migratorias llegaron al continente americano procedentes de Rusia, de Mongolia y de China.

Entre 3500 y 1500 a.C. emergerá de ese crisol una nueva civilización de individuos que, desde los EEUU hasta Perú, compartirá las mismas características físicas, tecnológicas y culturales: construcción de pirámides, cultura del maíz, sacrificios humanos, politeísmo y conocimiento de la astronomía. De hecho, el término «Maya» significa «Hombre de maíz».

La civilización maya es muy valiosa por varias razones. En el continente americano fue la única, junto a la civilización Azteca, que dispuso no solo de un sistema de escritura —descifrado al 95% tras varios siglos de investigaciones—, sino también de un conocimiento increíblemente profundo de la astronomía y de las fuerzas que rigen el alma humana.

Además, nos ofrece un viaje en el tiempo y una mirada sobre el ser humano, sobre su gestión del entorno y sobre la historia de la Humanidad, que data de varios miles de años y que, sin embargo, es de una gran actualidad.

Nacimiento, declive y renacimiento de la civilización maya

Los arqueólogos contemporáneos datan la aparición de la civilización maya en 1600 a.C., y sitúan su apogeo entre 250 y 700 d.C. Sin embargo, su calendario comienza —siguiendo la constante que permite convertir una fecha maya en una fecha cristiana— en 3114 a.C. con la constante llamada GMT de 584283, o bien en 2593 a.C. con la constante VMR de 774080.

Entre 800 y 1700 a.C. las ciudades fueron abandonadas. Acto seguido el territorio fue conquistado por los españoles, y la civilización maya desapareció casi totalmente, sobreviviendo en secreto, a pesar de la presión de la religión católica, en algunos lugares aislados.

Los pueblos mayas no eran idénticos los unos a los otros, y les gustaba diferenciarse entre sí. Estaban organizados en Ciudades–Estado y cada grupo tenía especificidades lingüísticas, artísticas y culturales. Entre dichos grupos los más importantes son los Maya Yukateco, los Maya Quiché y los Maya Cholan. Los nobles tenían varias esposas y concubinas, y su descendencia empleaba su tiempo en guerrear mientras la población aumentaba de forma anárquica, demasiado rápido en relación con los recursos disponibles. La deforestación y la sobrepoblación de las tierras, consecuencia de la superpoblación, provocó la erosión de los suelos y una disminución gradual de los cultivos, lo que provocó, en consecuencia, múltiples hambrunas. Las investigaciones climatológicas acerca del período comprendido entre 700 y 1400 d.C. revelan una disminución gradual de la pluviometría y, por lo tanto, de los recursos de agua. La práctica de los sacrificios humanos y las incesantes guerras sin duda motivaron a la población —que no tenía confianza en sus dioses ni en sus dirigentes— a huir de los centros urbanos.

En la actualidad los sabios mayas exhortan a la Humanidad a preservar su entorno y a gestionar los recursos con suma inteligencia ya que, de lo contrario, la Humanidad corre el riesgo de desaparecer en pocos siglos sepultada bajo la arena. Ofrecen sobre todo enseñanzas donde cada persona puede juntar cada parte de si, encontrar su verdad profunda, con, por ejemple, el aprendizaje del silencio interior, es decir parar el dialogo interno perpetuo, sino también vivir une vida que tiene sentido y alcanzar estados de consciencia y niveles de energía muy altos, cuales, para las personas las mas avanzadas, permiten morir conscientemente.

Desde hace algunas décadas la civilización maya sale de las sombras y renace un poco cada día que pasa. Actualmente, la escritura maya se ha descifrado en un 95% y los pueblos mayas la recuperan, haciéndola suya de nuevo, lenta pero inexorablemente.

Localización geográfica de los pueblos mayas

Diversidad de los pueblos mayas

1200–400 a.C.: civilización Olmeca.
800–500 a.C.: civilización Zapoteca.
300–750 d.C.: civilización de Teotihuacán.
1000–1150 d.C.: civilización Tolteca.
1100–1550 d.C.: civilización Azteca.

Civilización Maya. Patrimonio de la Humanidad

Desde 400 a.C. los mayas han levantado pueblos y Ciudades–Estado de las que aún se conservan impresionantes vestigios que, en la actualidad, se están restaurando y aumentando su valor. Los pueblos mayas utilizaban libros denominados «códex». Tan solo hemos logrado conservar unos pocos de ellos:

—El **Códex Trocortesianus** , también denominado Códex de Madrid.
—El **Códex Dresdensis**, también conocido como Códex de Dresde.
—El **Códex Peresianus**, o Códex de París.
—El **Códex Grolier**, cuya autenticidad ha sido puesta en duda.

Códex Aztecas

Códex Borbonicus: ISBN: 3-201-00901-6.
Códex Ixtlilxochitl: ISBN: 3-201-00970-9.
Códex Magliabechiano: ISBN: 3-201-00763-3.
Códex Borgia: ISBN: 3-201-00964-4.
Códex Cospi: ISBN: 3-201-00762-5.
Códex Fejéváry–Mayer: ISBN: 3-201-00764-1.
Códex Laud: ISBN: 3-201-00761-7.
Códex Vaticanus 3738: ISBN: 3-201-01107-X.
Códex Vaticanus 3773: ISBN: 3-201-00780-3.

Códex Mixtecos

Códex Egerton 2895.
Códex Vindobonensis Mexicanus 1.
Códex Zouche–Nuttall.
Códex Becker I/II.

Resumen de la visión del mundo maya

La civilización maya nos ha legado dos libros, el *Chilam Balam* y el *Popol Vuh*, escritos tras la invasión de los españoles, en los que se describe su visión del mundo. El panteón maya está compuesto de numerosos dioses, de fuerzas naturales y de ancestros. Un mismo dios puede tener una apariencia diferente según su edad o si muestra su faz oscura o luminosa. Dichos seres organizan la vida según los ciclos, en los que se alternan la creación y la destrucción. Como el mundo es a veces sombrío y caótico, los mayas creían que los sacrificios humanos resultaban indispensables para apaciguar la cólera de los dioses. Entre todos los dioses el dios supremo de los mayas, que proviene del centro galáctico, es «Hunab Ku», el dios creador del todo. Como es invisible, jamás fue representado.

Su hijo «Itzamma», dios de la escritura y de las ciencias, es también el dios del cielo, en el que se manifiesta bajo la forma de «Ahau», el Sol. Su esposa «Ix Chel», la Luna, rige la concepción, las plantas y las medicinas. «Tchaak», el dios de la lluvia, se representa bajo la forma de una serpiente. Proporciona la lluvia que fecunda los cultivos, pero también provoca diluvios e inundaciones. El dios del maíz es «Yumtaax». «Kukulkan» es el dios del viento. «Ek Chuah» es el dios de la guerra, y frecuentemente se le asocia a «Ah Puch», el dios de la muerte. Por su parte, «Xamen ek» guía a los hombres en su tránsito por la vida.

El mundo de los mayas, en ocasiones representado por la imagen de un árbol, tiene tres etapas.

El mundo de los cielos está gobernado por 13 dioses u «Oxlahuntiku» que han sido enviados desde el centro galáctico hacia el mundo de los hombres. Dichos dioses encarnan 13 intenciones. Los mundos subterráneos son gobernados por los 9 Señores de la Noche, los «Bolon Ti Ku». Entre ambos mundos se encuentra el de los humanos, en el que existen 20 manifestaciones del Sol que son representadas en forma de glifos.

El tiempo se descompone en diferentes mundos con períodos intermedios. El universo estaba en principio habitado por enanos que construían las ciudades. El dios de la lluvia o serpiente del cielo, «Tchaak», provocó una gran inundación, y el mundo fue destruido. Se creó entonces un segundo mundo por una raza desconocida y misteriosa denominada «Dzolobs». Sin embargo, también desaparecieron tras una segunda inundación. La tercera raza que habitó el mundo fue la de los mayas. También sufrieron un diluvio, pero pudieron sobrevivir en secreto con la ayuda del invisible dios creador supremo, «Hunab Ku», y de uno de los pueblos de las estrellas. Algún día existirá un cuarto mundo y estará poblado por un crisol de todos los hombres de la Tierra. Pero también será destruido por una inundación o un diluvio, y dará lugar a un nuevo mundo.

Los calendarios mayas y el sistema de conteo

Cifras y glifos

Los mayas adoraban las cifras y su valor simbólico. Eran muy observadores y tenían la capacidad necesaria para gestionar un complejo sistema de informaciones. A lo largo de los siglos pudieron establecer procedimientos que, con la ayuda de constantes fijas, les permitían predecir los eclipses lunares y solares, así como el movimiento de los planetas visibles. En la actualidad tan solo los potentes ordenadores que usan los astrónomos son capaces de hacer algo similar. Los mayas representaban las cifras que componían los diferentes ciclos naturales bajo la forma de símbolos sagrados. Dichos símbolos se denominan «glifos». Cada mes, cada día, cada etapa del ciclo de 13 días y cada etapa del ciclo de 9 días, se representa mediante un glifo. De hecho, algunos glifos tan solo representan cifras. Los otros glifos representan objetos, animales, personajes o manifestaciones de la naturaleza.

El calendario agrícola de base 20

La cultura maya tenía varios calendarios. Las dos principales cifras que les servían de referencia para establecer sus calendarios eran el 20 y el 13. Contaban en base a 20 en lugar de en base a 10, tal y como hacemos nosotros.

El calendario agrícola solar civil, denominado calendario «Haab», se dividía en 18 meses (Uinal) de 20 días y en un período especial de 5 días (Uayeb). Todo ello hace un total de 365 días.

Cada mes se designaba mediante un glifo, y estaba asociado a un acontecimiento particular simbolizado por un dios o un animal sagrado.

El número 20 corresponde a los 10 dedos de la mano y a los 10 dedos de los pies, mientras que la cifra 13 hace referencia al número de articulaciones del cuerpo. Esas 13 intenciones conllevan, como una rueda dentada que engrana con otra, los 20 días que son las 20 formas de expresión del Sol, el Dios Creador, que se manifiesta en el mundo de la materia. Cada expresión estaba representada por un glifo que simbolizaba una divinidad, un animal sagrado o un objeto sagrado, y cada día era motivo de una celebración. Cada intención se combina con un glifo solar para formar la firma del día denominada «kin».
Los vestigios arqueológicos más antiguos de dichos calendarios datan de 700 a.C. La combinación de los 20 glifos solares y de los 13 tonos da como resultado ciclos de 52 años, cifra esencial para la civilización maya.

El calendario sagrado de base 13

El calendario sagrado, que permite mostrar la Carta Astral Maya, se denomina Tzolkin. Tzol significa «conteo», y kin significa «duración del día» o «energía del día». Dicho calendario está compuesto por 13 períodos denominados «tonos». Cada tono dura 20 días, formando así un calendario de 260 días. Los 13 períodos o etapas corresponden a 13 objetivos, fines, intenciones o voluntades del Creador del Universo. Están representados por cifras del 1 al 13. Los mayas las describían como energías cósmicas que emanaban del centro galáctico.

Otros calendarios

Un primer sistema de conteo, denominado conteo calendárico, combina el calendario agrícola civil y el calendario sagrado para formar un ciclo de 18.980 días, esto es, 52 años. Un segundo sistema de conteo, denominado conteo largo, de base 20, añadía diferentes períodos de tiempo, algo similar a sumar unidades, centenas y millares. También existe un tercer sistema de conteo largo de base 13.

Calendario denominado «conteo largo»

Orden de unidades	Nombre del período	Vínculo con la unidad precedente	Cálculo	Número de días	Número de años
1	KIN = Día	0		1	0
2	UINAL = Mes de 20 días	20 kin	1X20	20	0
3	TUN = Año de 18 meses	18 uinal	18X20	360	1
4	KATUN = Ciclo de 20 «años»	20 tun	20X360	7 200	20
5	BAKTUN = Ciclo de 400 «años»	20 katun	20X7 200	144 000	400
6	PICTUN = Ciclo de 8000 «años»	20 baktun	20X 144.000	2 880 000	8000
7	CALABTUN= Ciclo de 160.000 «años»	20 pictun	20X 2.880.000	57 600 000	160.000
8	KINCHILTUN = Ciclo de 3.200.000 «años»	20 calabtun	20X 57 600 000	1 152 000 000	3.200.000
9	ALAUTUN = Ciclo de 640.000.000 «años»	20 kinchiltun	20X 1 152 000 000	23.040.000.000	640.000.000

Los tonos		Los glifos	Nombre maya Yukatek	Nombre maya Quiché	Traducción arqueológica	Traducción del calendario de las 13 lunas	Glifo calendario de las 13 lunas
			Los días del calendario sagrado				
•	1		IMIX	IMOX	Árbol de vida Cocodrilo Vía Láctea	DRAGÓN	
••	2	La dualidad que estimula	IK	IQ	El soplo El viento	VIENTO	
•••	3	El movimiento que pone en acción	AKB AL	AQABAL	Dar Casa	NOCHE	
••••	4	La base que ancla y estabiliza	KAN	KAT	Grano de maíz Lagarto Joya	GRANO	
—	5	La expresión del poder que permite la realización del yo	CHIC CHA N	KAN	Serpiente celeste	SERPIEN-TE	
≐	6	El flujo que crea la corriente y permite adaptarse	CIMI	KAME	El negro La muerte	ENLAZA-DOR DE MUNDOS o PUENTE	
•• over —	7	La reflexión que revela lo esencial y el equilibrio	MANI K	KEJ	Coger Mano Cabrito y ciervo	MANO	
••• over —	8	La justicia que armoniza	LAM AT	QUANIL	Estrella Venus Conejo	ESTRELLA	
•••• over —	9	La realización que crea el movimiento hacia adelante	MUL UC	TOJ	Pago Agua	LUNA	

La intención de base La unidad que desencadena (tono 1)

				Nombre	Nombre	Significado	Categoría	
═	1 0	La concreción de la realización		OC	TZI	Pie Perro	PERRO	
≔	1 1	La clarificación que permite la mejora		CHU EN	BATZ	Artesano Mono	MONO	
⁝	1 2	La asimilación y la comprensión que permiten la renovación		EB	EE	Mensaje Hierba Camino	HUMANO	
⁞	1 3	La superación del yo para co-crear con el universo		BEN	AJ	Junco Maíz	CAMI-NANTE DEL CIELO	
				IX	HIX	Mujer Jaguar Sabiduría	MAGO	
La cifra cero				MEN	TZIKIN	Pájaro Maestro Águila	ÁGUILA	
0		El origen y el destino		CIB	AJMAQ	Miel Buitre Búho	GUE-RRERO	
				CAB AN	NOJ	Tierra Movimien to	TIERRA	
				ETZN AB	TIJAZ	Cuchillo de sílex Espejo	CUCHI-LLO ESPEJO	
				CAU AC	KAWOQ	Tempesta d Lluvia	TEMPES-TAD	
				AHA U	AJPU	Flor Sol Señor	SOL	

¿Por qué la cifra 13 es tan importante?

Esa cifra es para los mayas, al mismo tiempo, un símbolo de movimiento, de ciclo y de final. El cuerpo tiene 13 articulaciones que posibilitan el movimiento. En otro tiempo la Luna regresaba a su punto de partida 13 veces al año, antes —según la leyenda maya— de que un acontecimiento astronómico que provocó catástrofes en la Tierra pusiera fin a esa situación hacia 3500 a.C.

Desde entonces, los años de 13 lunas fueron raros y especiales. Si consideramos el período de tiempo llamado Pictun y contamos en base de 13 en lugar de en base de 20, 13 batkun suman 400x13=5200 años. En 2012 el decimotercer batkun, o período de 400 años desde el origen de la creación en el calendario maya, llega a su fin. Sin embargo, como hubo un acontecimiento astronómico denominado «La Cruz Galáctica» (ver anexo) que tan solo se produjo dos veces en 26.800 años, y al ser la cifra 13 fuertemente simbólica, los mayas concluyeron que ese período marcaba el fin de un mundo y el comienzo de uno nuevo, pero en ningún caso «el fin DEL mundo». El concepto de «fin del mundo» es una creación de la dimensión mental, y no existe, en ningún caso, en la realidad. El mundo no tiene fin: respira a través de ciclos particularmente largos.

Los cuatro colores de los glifos mayas

Los 20 glifos sagrados están organizados en 4 familias de cuatro colores diferentes. Esos cuatro colores se asocian a las cuatro direcciones y a las cuatro grandes familias que en el origen poblaban el planeta Tierra.

El color rojo es el que provoca los acontecimientos, y se asocia a los emprendedores, a los creativos. Gobierna el Este (según el calendario agrícola). **(Glifos rojos: el dragón, el serpiente, el Agua, el caminante del cielo y la tierra)**

El color blanco estructura, organiza y concreta: se asocia a los constructores. Gobierna el Norte. **(Glifos blancos: el viento, el puente, el perro, el mago y el espejo)**

El color azul permite la presencia en el cuerpo, la puesta en práctica, el ajuste, la transformación y la acción colectiva. Gobierna el Oeste. **(Glifos azules: la noche, la mano, el mono, el águila y la tormenta o lluvia.**

El color amarillo representa a los artistas que permiten una expansión. Llevan todas las cosas a su punto de maduración y a su realización final gracias a sus redes y a sus emociones. Gobiernan el Sur. **(Glifos amarillos: la semilla, la estrella, el humano, el guerrero y el sol.**

En el centro de esos cuatro colores reside el verde, símbolo del centro, de la conciencia, del corazón y del pasaje obligado que permite la gran transformación que nos lleva al centro galáctico.

Cada uno de los 20 glifos tiene además su dirección, que sigue la misma secuencia Este, Norte, Oeste y Sur. Los rojos y los azules son opuestos complementarios que se desafían y se sorprenden, al igual que los blancos y los amarillos.

Los rojos y los blancos concuerdan de forma natural, al igual que los amarillos y los azules. Una persona nacida con un glifo de identidad blanco se entenderá naturalmente con las personas igualmente nacidas con un glifo del mismo color.

Los glifos de una misma familia direccional también tienden a entenderse, aunque sean de naturaleza diferente. Veamos ahora los 20 + 13 glifos que componen los calendarios sagrados mayas.

Los modernos calendarios mayas que se utilizan en la actualidad

A raíz de la colonización de América llevada a cabo por los españoles, se perdió la mayor parte de los saberes de los mayas debido, en gran medida, a la destrucción de los libros mayas a manos de las autoridades españolas.

Se ha tratado de recuperar dichos saberes desde hace muchos siglos. El libro que tienes en tus manos trata sobre la astrología maya a partir del estado actual de nuestros conocimientos.

Cuando los misioneros españoles descubrieron la cultura maya trataron de hacer una correlación entre el calendario maya y el calendario cristiano, que en aquella época era el calendario Juliano, y con la mentalidad de su época. El más conocido es el misionero obispo Diego de Landa (1524–1579), autor de la *Relación de las cosas de Yucatán*, después de haber condenado a la hoguera a todos los libros mayas que encontró a su paso.

Una cifra denominada «constante de correlación» nos permite convertir una fecha maya en una fecha cristiana. A pesar de toda la tecnología de la que disponemos, aún no existe un consenso internacional unánime que defina con exactitud una constante correcta.

De las investigaciones llevadas a cabo sobre la civilización maya se descubrieron dos calendarios principales. Cada uno de ellos refleja una sensibilidad diferente que se acerca a un grupo maya específico.

Muestran una parte de la realidad en niveles diferentes, algo así como el Sol y la Luna iluminan dos partes de la realidad. Los dos calendarios descritos en esta obra ofrecen, por lo tanto, dos perspectivas complementarias.

El calendario de las 13 lunas : U*n camino de adaptación en la materia.*

El primer calendario descubierto, el calendario de las 13 lunas, fue desarrollado por el Señor y la Señora Argüelles en los años 70. Dicho calendario, que es una versión simplificada del calendario maya, ha contribuido en gran medida a dar a conocer la astrología maya. En él los días comienzan a las 00h00, y terminan a las 24h00.

Está elaborado a partir del calendario agrícola de los mayas Yukatek y otros elementos esotéricos. Describe ***un camino de adaptación en la materia.*** Utiliza la constante de correlación denominada GMT (584283) modificada.

El calendario denominado «Tradicional»: *La evolución de la conciencia.*

El segundo calendario se difundió más recientemente por un científico sueco, Johann Calleman.

En él los días comienzan al amanecer y concluyen en el siguiente amanecer. Responde a la sensibilidad de los mayas Quitché y Tcholan, y del calendario sagrado maya, que trata sobre ***la evolución de las conciencias.***

Utiliza la constante de correlación denominada GMT (584283) reconocida por numerosas comunidades mayas, aunque rechazada por algunos investigadores. Cada calendario propone 5 glifos en forma de cruz y una secuencia de 13 glifos que constituyen un camino de evolución. Los glifos difieren dependiendo del calendario que se utilice.

A título informativo, el científico e investigador belga Doctor Antoon Leon Vollemaere propone una constante de correlación de 774079 para las personas nacidas antes de mediodía, y de 774080 para los nacidos después de mediodía. Los Señores Bohn proponen una constante de 662261. Las investigaciones llevadas a cabo en el terreno de la lingüística, de la astronomía, de la arqueología, de la historia y de la astrología maya nos permitirán algún día confirmar con certeza la constante correcta.

Constitución de una Carta Astral Maya

Los 5 glifos de la Cruz Maya. Una Carta Astral Maya está constituida, en un primer momento, por un oráculo, esto es, una serie de 5 glifos sobre un total posible de 20. Cada glifo está asociado a un tono (una de las 13 cifras de 1 a 13) que le proporciona un color particular. Los glifos son como los códigos de activación genética, o códigos de información galáctica: modelos ideales de vibración, arquetipos, modelos de comportamiento y de voluntades autónomas que se activan y animan por medio de los 13 tonos. Podríamos considerar a los 20 glifos solares como signos astrológicos o planetas, y a los 13 tonos como las casas astrales. Podemos así combinar signos y casas o planetas y casas Por su parte, los mayas los consideraban dioses. Están dispuestos en forma de cruz. A esa figura se la denomina «Cruz Maya», y está asociada a la parte masculina.

Las 13 etapas del camino encantado. La Carta Astral Maya se compone, en un segundo momento, de un camino de evolución en 13 etapas, camino que está especialmente asociado a un glifo central de identidad. A ese camino de evolución de 13 días se le denomina «camino encantado» en el calendario de las 13 lunas, y Trecena en el calendario tradicional. Dicho camino representa una serie de frecuencias vibratorias que determina nuestra misión en la vida, así como las cualidades que se precisan para llevarla a buen término.

Describe nuestro recorrido hacia nosotros mismos para servir al universo y para realizarnos de una forma concreta, en la vida y en la acción, en 13 etapas. Por último, se completa por el Señor de la Noche, por los días ardientes y por la conciencia de los ciclos numerológicos. Describe, igualmente, el desarrollo de cualquier proceso o proyecto llevado a cabo. Las 13 etapas están asociadas a la parte femenina.

Ejemplo de Cruz Maya

El glifo «Guía de nacimiento» o el Origen

La Tierra

El glifo antípoda o Desafío

La Mano

El glifo o Kin de nacimiento

El Caminante del Cielo

El glifo Análogo o Aliado

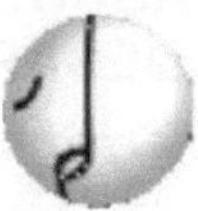

El Puente o Enlazador de Mundos

El glifo Oculto o del Destino

La Estrella

La Cruz Maya con los glifos tradicionales

**KIN DE
CONCEPCIÓN**

**MANIK-
MANO-7**

**KIN
MASCULINO-
DESAFÍO**

**KIN DE
NACIMIENTO**

**KIN
FEMENINO-
APOYO**

**MULUK-
LUNA-9**

**MEN-
ÁGUILA-2**

**IMIX-
DRAGÓN-6**

**KIN DE
DESTINO**

**AKBAL-
NOCHE-10**

El glifo de la identidad o del nacimiento

El glifo de la identidad se sitúa en el centro. Describe nuestros referentes, nuestro ideal de vida y las grandes líneas directrices de nuestro destino. Gracias a él logramos centrarnos, encontramos nuestro centro galáctico y descubrimos nuestro vínculo con la Fuente Galáctica.

El glifo del origen o de la concepción

El glifo del origen está situado sobre el glifo de la identidad. Indica los recursos de que disponemos desde el nacimiento, así como la manera a través de la cual podemos adquirir la sabiduría a partir del momento en el que nacemos, utilizando nuestros recursos. Es la energía de la que venimos, nuestra energía de la concepción, que condiciona nuestro aprendizaje y nuestra evolución en esta vida. También es lo que nos guía en la vida. Cuanto más encarnemos este glifo de forma consciente, más aprenderemos y evolucionaremos.

El glifo análogo o aliado

El glifo aliado se sitúa a la derecha del glifo de la identidad. Nos muestra una energía que nos ayuda y nos complementa cualquiera que sea la situación o la relación que se nos presente. Es nuestro aliado, por lo que las cosas progresan cuando estamos en su energía. Es una fuente natural a la que podemos recurrir. ¡Pero tan solo se manifiesta si la invocamos!

El glifo antípoda o el desafío

El glifo antípoda se ubica a la izquierda del glifo del destino. Representa la energía más opuesta a nosotros, o la más inconsciente. En ese sentido, dicha energía es un desafío para nosotros, y está ahí para estimularnos y hacernos avanzar. Puede tratarse de obstáculos, de miedos, de personas totalmente opuestas y diferentes, o de situaciones adversas. Sin embargo, este glifo es nuestro mayor maestro para superarnos y evolucionar, ya que es la energía más diferente, la que más tiene que enseñarnos sobre nuestra identidad, la que más debemos —y podemos— integrar en conciencia.

El glifo del destino o glifo oculto

El glifo del destino se sitúa bajo el glifo de la identidad. Representa una cualidad inconsciente de gran potencia que no se desarrolla a menos que nos superemos debido a un trabajo sobre nosotros mismos. Resulta de gran ayuda, y se puede presentar bajo la forma de una inspiración latente cuando nuestros recursos habituales no resultan aptos para resolver una situación concreta. Se puede utilizar los recursos que trae cuando todos los recursos conscientes ya fueron utilizados.

Pero si no reconocemos y no desarrollamos esta cualidad, se queda aletargada en el inconsciente. Este glifo nos indica a dónde debemos ir en la vida, el lugar al que debemos dirigirnos para evolucionar, la dirección general que se debe tomar, las cualidades que se han de desarrollar y el programa de vida que tenemos que llevar a cabo.

Los glifos y las cifras asociadas

Se asocian dos cifras a cada glifo. El primero es la posición, de 1 a 20, en el orden de los glifos. El glifo del Dragón está en la posición 1, el Viento en la posición 2, y así de forma consecutiva. La segunda cifra es el valor del glifo cuando se combina con una de las trece tonalidades. Hay 260 combinaciones en las que un glifo asociado a su tono tiene un valor entre 1 y 260.

Previsiones anuales

En el calendario de las 13 lunas el glifo de identidad correspondiente al 26 de julio proporciona la coloración colectiva del año. Es un buen año para expresar lo que simboliza el glifo de identidad colectiva. A nivel individual, el día de tu cumpleaños puedes elaborar tu cruz maya con el calendario de las 13 lunas, pero también con el calendario tradicional.

El glifo de identidad del día de tu cumpleaños indica lo que será más relevante durante el año, lo que te permitirá trabajar sobre tu identidad. El glifo aliado indica lo que te ayuda durante el año, y el glifo del desafío te indica dónde tendrás que esforzarte. El glifo de origen indica lo que te guía durante el año, y el glifo de destino lo que debes integrar.
El primer glifo de tu camino de evolución indica un proyecto o cualidades que deberás utilizar para afirmarte durante el año. Este análisis te ofrece una perspectiva muy interesante, así como referentes. ¡Experiméntalo tú mismo! Así veras que encontraras siempre los mismos cinco glifos en el calendario de las 13 lunas.

Cálculo y elaboración de la Carta Astral Maya según el calendario de las 13 lunas

Una serie de tablas nos permiten encontrar rápidamente los cinco glifos de la Cruz Maya del calendario de las 13 lunas. **En este calendario el día comienza a medianoche.**

Cálculo del glifo de la identidad

Etapa 1. Anota la constante de conversión de tu año de nacimiento con la ayuda de la **tabla 1**. (Página 162)

Etapa 2. Anota la constante de conversión de tu día + mes de nacimiento con la ayuda de la **tabla 2.** (Página 164)

Etapa 3. Suma los dos valores y busca la cifra obtenida en la **tabla 3**. (Página 169). Esta cifra es el kin de identidad o la firma galáctica. Arriba de la cifra hay la tonalidad del glifo de identidad. Anota el glifo de identidad à la izquierda de la página.

Ejemplo para una persona nacida el 05/01/2000:

La tabla 1 indica una constante de 98 para el año 2000.
La tabla 2 indica una constante de 59 para el 5 de enero.
98 + 59 = 157

Observando el kin 157, averiguamos que se trata del glifo de la Tierra.

Etapa 4. Averiguamos que el glifo identidad es el de la Tierra. La pequeña imagen • indica el tono 1. El glifo de identidad es entonces «La Tierra de tono 1». En el calendario de las 13 lunas el tono 1 se denomina «magnético». El glifo de identidad es, en este caso, «Tierra magnética».

Si el total de las tablas 1 y 2 es superior a 260, restamos 260 al valor obtenido.

También disponemos de una calculadora en la página web 13lunas.net.

Todas las tablas se encuentran en el anexo de esta obra.

Los otros glifos se calculan desde el glifo de identidad.

Cálculo del glifo de origen o guía

Regla: Los glifos se suceden según un cierto orden, y se numeran de 1 a 20 empezando por el Dragón. Los glifos tienen siempre una numeración comprendida entre 1 y 20. Dicha numeración se corresponde al número de la posición del glifo que buscamos en la serie de los 20 glifos.

En el ejemplo anterior, el valor del glifo identidad es de 157. Ve a la tabla 4. El glifo de origen corresponde al número que se encuentra por encima de la cifra 157, en este caso la cifra 17. El glifo de origen es, entonces, la Tierra, decimoséptimo glifo en la serie de 20.

Frecuentemente el glifo de origen es el mismo que el glifo de identidad.

Cálculo del glifo aliado

Este glifo tiene siempre un valor comprendido entre 1 y 20.

Regla: el total del glifo de identidad y del glifo aliado debe ser igual a 19.

19 – glifo de identidad = glifo aliado. En nuestro ejemplo, el valor del glifo de identidad es 17. Es el decimoséptimo glifo de los 20. 19-17=2.

El glifo aliado es aquí el glifo 2, esto es, el Viento.
Casos particulares : Cuando el glifo de identidad es el glifo numero 20, es decir el Sol, entonces el glifo aliado será el glifo de la Tormenta. (20-1=19). Cuando el glifo de identidad es el glifo numero 19, es decir la Tormenta, entonces el glifo aliado será el glifo numero veinte o cero, es decir el Sol. (19-19=0)

Cálculo del glifo antípoda

Regla: este glifo tiene siempre un valor comprendido entre 1 y 20.
Regla: el glifo antípoda es de un color diferente al del glifo de identidad.
Regla: se corresponde al glifo de identidad + 10 o – 10. En ambos casos obtenemos un glifo idéntico. (Tabla 3 Página 169). En el ejemplo anterior, el valor del glifo de identidad es de 157. El glifo antípoda es, en este caso, 167 o 147. Para ambos valores el glifo obtenido es la Mano (Manik).

Cálculo del glifo oculto

Regla: este glifo tiene siempre un valor comprendido entre 1 y 20.
Regla: el total del glifo oculto y del glifo de identidad debe ser igual a 21. En nuestro ejemplo, el valor del glifo de origen es 17.

17+4=21. 21-17=4. El glifo oculto es aquí el glifo 4, esto es, el Grano.

Resultado. La Tierra de tono 1 o «magnética» es el glifo de identidad, la Tierra es el glifo de origen, el Viento es el glifo aliado, la Mano es el glifo antípoda y el Grano es el glifo oculto.

Podemos representar el resultado de la siguiente forma:

**EL GLIFO GUÍA
DE NACIMIENTO
O EL ORIGEN**

LA TIERRA

| **EL GLIFO ANTÍPODA O DESAFÍO** | **EL GLIFO O KIN DE LA IDENTIDAD** | **EL GLIFO ANÁLOGO O ALIADO** |

LA NOCHE   **LA TIERRA-1**   **EL VIENTO**

**EL GLIFO
OCULTO O DEL
DESTINO**

EL GRANO

Cálculo del camino de evolución o camino encantado

Si observamos la tabla 3 a partir del primer kin —el Dragón de tono 1—, veremos que los glifos se organizan por series de 13. El glifo 14 da comienzo a la segunda serie de 13. Las series de 13 forman los caminos de evolución.

Regla: el camino de evolución o camino encantado se calcula a partir del tono del glifo de identidad.

Regla: el comienzo del camino encantado se encuentra ascendiendo hasta el tono 1 de la serie iluminada por el tono del glifo de identidad.

Si el tono del glifo de identidad es 1 (como nuestro ejemplo), el comienzo del camino encantado se encuentra precisamente ahí.
En nuestro caso del 5 de enero de 2000, el comienzo del camino de evolución es entonces la Tierra de tono 1.

Si el valor del glifo de identidad hubiera sido 158, 159, 160, 161, 162, 163, 164, 165, 166, 167, 168 o 169, hubiéramos ascendido igualmente hasta el glifo de la Tierra de tono 1.

En nuestro ejemplo, a partir del glifo 157, las 13 etapas del camino de evolución son:

ETAPA 1: Tierra
ETAPA 2: Espejo
ETAPA 3: Tormenta
ETAPA 4: Sol
ETAPA 5: Dragón
ETAPA 6: Viento
ETAPA 7: Noche
ETAPA 8: Grano
ETAPA 9: Serpiente
ETAPA 10: Puente
ETAPA 11: Mano
ETAPA 12: Estrella
ETAPA 13: Luna

Podemos representar gráficamente lo anterior en el esquema de la página siguiente:

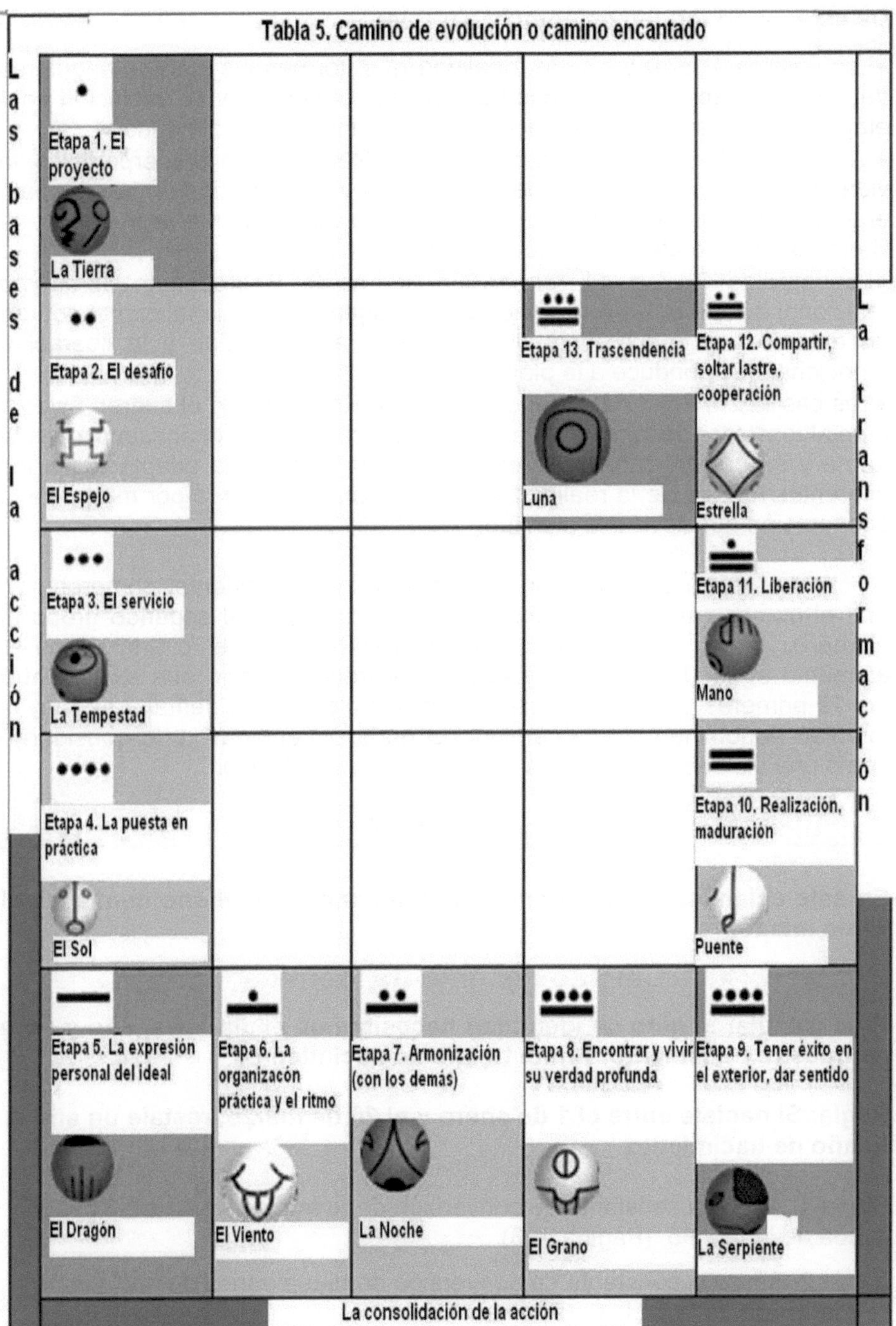

Tabla 5. Camino de evolución o camino encantado

De este modo, podemos comprobar que:

•Las casillas 1, 5, 9 y 13, de tonalidad gris, forman las piedras angulares del camino. Representan el cuerpo espiritual atemporal y su evolución en 4 etapas: el encuentro, la integración, la liberación y la trascendencia.
•Las casillas 2, 6 y 10 forman un tiempo 1. Representan el cuerpo físico, la vida encarnada, la expresión de los sentidos y su evolución en tres etapas: el encuentro con la materia, la integración o adaptación a la materia y la liberación de la materia conducente a una plenitud.
•Las casillas 3, 7 y 11 forman un tiempo 2. Representan el cuerpo relacional del alma, las emociones y la inteligencia emocional expresada en un entorno, en tres etapas: el encuentro, la integración y la liberación emocional que conduce a la plenitud.
•Las casillas 4, 8 y 12 forman un tiempo 3. Representan el cuerpo físico y mental formador del alma y su evolución en tres etapas: el encuentro con la forma y su construcción, la integración de la forma o la adaptación a los diferentes niveles de la realidad y la liberación de la forma por medio de la cooperación que lleva a la plenitud.

Los lectores que conozcan la astrología occidental comprobarán que el primer grupo corresponde al elemento fuego, el segundo grupo al elemento tierra, el tercer grupo al elemento aire y el cuarto grupo al elemento agua. También observarán el estrecho vínculo que existe entre las 12 primeras casillas y la simbología astrológica occidental. Los mayas también denominan a ese camino «la onda encantada», y lo consideran como una ola capaz de llevar al alma hacia su iluminación.

Cálculo y elaboración de la Carta Astral Maya «tradicional»

En este calendario el día comienza al amanecer, y el año comienza el 21 de marzo.

Cálculo del glifo de identidad

Para calcular el glifo de identidad necesitamos el día, mes, año y hora de nuestro nacimiento. Anota tu año de nacimiento.

Regla: Si naciste entre el 1 de enero y el 20 de marzo, réstale un año a tu año de nacimiento.

Etapa 1. Anota la constante de conversión de tu año de nacimiento con la ayuda de la tabla 5. (Página 173)

Etapa 2. Anota la constante de conversión de tu día y mes de nacimiento con la ayuda de la tabla 6. (Página 175)

Regla: si naciste entre medianoche y el amanecer, réstale un día a tu día de nacimiento.

Etapa 3. Suma los dos valores y busca la cifra obtenida en la tabla 7. (Página 177).

Regla: si el valor total es superior a 260, réstale 260 a la cifra obtenida. Ejemplo para una persona nacida el 02/01/2001 a las 02h00 de la madrugada.

La tabla 5 pagina 174 indica una constante de 52 para el año 2000 (tomamos entonces como referencia el año anterior).

La tabla 6 indica una constante de 26 para el 1 de enero (tomamos el día anterior).

52 + 26 = **78** Si observamos el kin 78 en la tabla 7 podemos comprobar que se trata del glifo del Conejo.

Este cifre del kin de identidad sirve para calcular los cuatros otros glifos.

Etapa 4. Identificamos el glifo de identidad del Conejo o de la Estrella. La imagen indica el tono 13. El glifo de identidad es entonces «Conejo de tono 13».

También disponemos de una calculadora en la página web maya-portal.net, y otra que nos indica el Señor de la Noche en la página web http://www.pauahtun.org/cgi-bin/gregmaya.py, donde deberemos indicar 584283 como constante de correlación.

Cálculo del glifo de origen

Regla: este glifo se corresponde a la cifra del glifo de identidad menos 8. En nuestro ejemplo, el valor del glifo de identidad es de 78. El glifo de origen es entonces el número 78-8=**70**. Todo ello se corresponde al Sol de tono 5. El glifo de origen es, en nuestro caso, el Sol.

El glifo de origen es del mismo color que el glifo de identidad.

Cálculo del glifo aliado

Regla: este glifo corresponde al glifo de identidad (el glifo con su tonalidad) más 6. En nuestro ejemplo, el valor del glifo de identidad es 78. 78+6=**84**. El glifo aliado es entonces el glifo 2, esto es, el Jaguar de tono 6.

Cálculo del glifo antípoda

Regla: este glifo corresponde a la cifra del glifo de identidad menos 6. En nuestro ejemplo, el valor del glifo de identidad es 78. 78-6=**72**.

De ese modo, el glifo antípoda es el glifo del Viento de tono 7.

Cálculo del glifo oculto

Regla: este glifo corresponde a la cifra del glifo de identidad más 8.
En nuestro ejemplo, el valor del glifo de identidad es 78. El glifo de origen es entonces el número 78+8=86, que corresponde al Búho de tono 8. El glifo de destino es el Búho o el Guerrero.

Por lo tanto obtenemos: El Conejo de tono 13 es el glifo de identidad, el Sol de tono 5 es el glifo de origen, el Jaguar de tono 6 es el glifo aliado, el Viento de tono 7 es el glifo antípoda y el Búho de tono 8 es el glifo de destino.

Podemos representar todo lo anterior del siguiente modo:

El glifo de origen

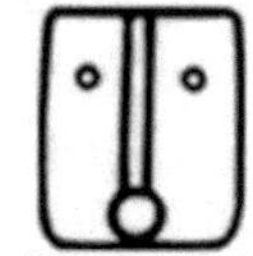

Ahau – 5

El glifo antípoda o desafío

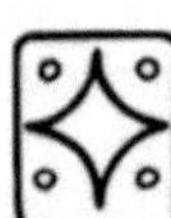

Ik – Viento – 7

El glifo kin de identidad

Kin 78 Lamat – Estrella – 13

El glifo análogo o aliado

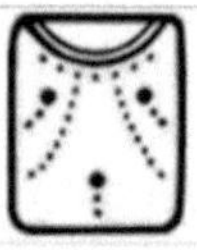

Ix – Mago – 6

El glifo de destino

Cib – Guerrero – 8

Cálculo del camino de evolución o Trecena

Si observamos la tabla 8 a partir del primer kin, el Mono de tono 1, veremos que los glifos están organizados en una serie de 13. El glifo 14 da comienzo a la segunda serie de 13. Las series de 13 forman los caminos de evolución denominados «Trecena» en el calendario tradicional.

Regla: la Trecena se calcula a partir del tono del glifo de identidad.

Regla: el comienzo de la Trecena se halla ascendiendo hasta el tono 1 de la serie iluminada por el tono del glifo de identidad. El comienzo de la Trecena es, por definición, un tono 1. Si el tono del glifo de identidad es 1 el comienzo de la Trecena se encuentra precisamente ahí. En nuestro caso del 2 de enero del año 2000, debemos subir del 13 al 1. El camino de evolución es entonces el Búho de tono 1.

Etapa 1. El Búho. El proyecto de vida o la intención inicial.

Etapa 2. La Tierra. El desafío o la dualidad que incita a ser reactivo. La manera de crear su propia abundancia.

Etapa 3. El Cuchillo. El movimiento que incita a servir.

Etapa 4. La Tormenta. La estabilización de las bases.

Etapa 5. El Sol. La expresión del poder personal.

Etapa 6. El Caimán. La adaptación práctica para la organización.

Etapa 7. El Viento. El equilibrio en la civilización.

Etapa 8. La Casa. La armonización con las leyes eternas.

Etapa 9. El Lagarto. Ocupar su lugar en el mundo y realizarse.

Etapa 10. La Serpiente. Construir su destino y llevarlo a cabo.

Etapa 11. La Muerte. Clarificar y mejorar para liberarse.

Etapa 12. El Gamo. Asimilar, comulgar y cooperar.

Etapa 13. El Conejo. Trascender y ayudar al cosmos a hacer progresar a la Humanidad.

Anota los glifos de la Trecena presentes en la Cruz Maya. Podemos representarlo gráficamente del siguiente modo:

TRECENA DEL BÚHO–BUITRE–GUERRERO

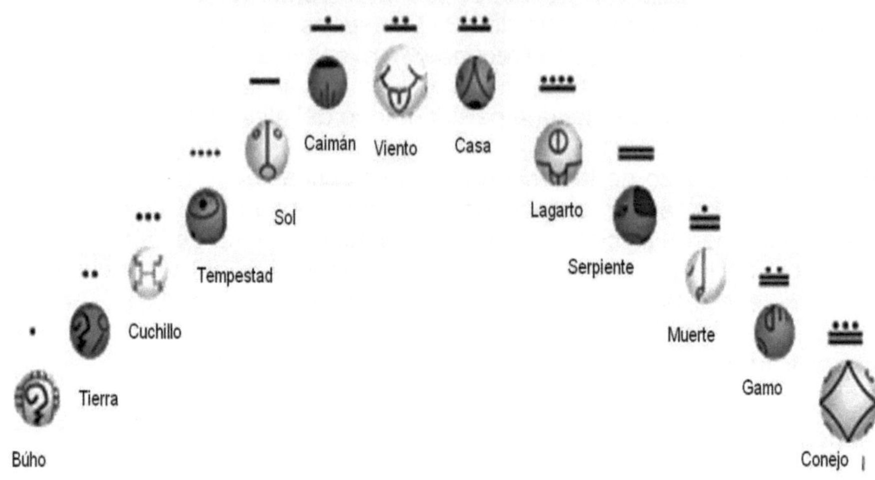

A partir de ahora, querido lector, estás preparado para interpretar.

Interpretación de la Carta Astral Maya

La Cruz Maya

Etapa 1. Interpretación del glifo de identidad.

Hablamos del color del glifo y del vínculo favorable con los glifos del mismo color.

Etapa 2. Interpretación del tono de identidad, esto es, de la cifra comprendida entre 1 y 13 que acompaña al glifo de identidad.

Del mismo modo, se puede realizar una síntesis entre el glifo y su tono.

Etapa 3. Interpretación del glifo guía u origen en la parte superior de la cruz.

Etapa 4. Interpretación del glifo aliado situado a la derecha de la cruz.

Etapa 5. Interpretación del glifo antípoda en la parte izquierda de la cruz. Podemos comparar los dos glifos y realizar una síntesis.

Etapa 6. Interpretación del glifo oculto o de destino en la parte inferior de la cruz.

Se pueden comparar los dos glifos de origen–destino y hacer una síntesis.

El camino encantado

También se denomina onda u ola encantada en el calendario de las 13 lunas, y «Trecena» en el calendario tradicional.

Etapa 0. Identificación de las casillas ocupadas por los cinco glifos de la Cruz Maya que estén presentes en el camino encantado.

Etapa 1. Interpretación del glifo en la casilla 1 y descripción del proyecto de vida. Comparación entre el proyecto de vida y el glifo de identidad.

Etapa 2. Interpretación del glifo en la casilla 2 y descripción del principal desafío del sujeto. Comparación entre el desafío principal y el glifo antípoda. Describir como el sujeto puede crear su abundancia en la materia.

Etapa 3. Interpretación del glifo en la casilla 3 y descripción del modo de adaptación y de los servicios que el sujeto debe llevar a cabo. Comparación entre el servicio principal y el glifo aliado.

Etapa 4. Interpretación del glifo de la casilla 4 y descripción del modo de puesta en práctica, de anclaje en la vida y de la construcción de las bases del sujeto. Comparación entre las bases del sujeto y el glifo de origen.

Etapa 5. Interpretación del glifo de la casilla 5 y descripción del modo de expresión creativa del sujeto. Comparación entre el ideal de vida y el glifo de identidad.

Etapa 6. Interpretación del glifo en la casilla 6 y descripción del modo de organización y del ritmo del sujeto.

Etapa 7. Interpretación del glifo en la casilla 7 y descripción del modo relacional y del modo de armonización del sujeto.

Etapa 8. Interpretación del glifo de la casilla 8 y descripción del modo de transformación del sujeto.

Etapa 9. Interpretación del glifo de la casilla 9 y descripción del modo de expresión del sujeto en el mundo en tanto que Ser Espiritual.

Etapa 10. Interpretación del glifo de la casilla 10 y descripción del modo de construcción de objetivos de vida del sujeto y de su modo de expresión de su sentido de la responsabilidad.

Etapa 11. Interpretación del glifo de la casilla 11 y descripción del modo de clarificación, mejora y liberación del sujeto.

Etapa 12. Interpretación del glifo de la casilla 12 y descripción del modo de superación de límites y de cooperación del sujeto en el seno de la colectividad.

Etapa 13. Interpretación del glifo de la casilla 13 y descripción del modo de trascendencia del sujeto que surge de su memoria, programas y esquemas repetitivos para vivir su verdadera vida.

Etapa 14. Se comparan las casillas 1, 5, 9 y 13 para definir el modo de utilización de la energía y de la conciencia.
Etapa 15. Se comparan las casillas 2, 6 y 10 para definir el modo de organización en la materia.

Etapa 16. Se comparan las casillas 3, 7 y 9 para definir el modo de comunicación y la adaptación en la materia.

Etapa 17. Se comparan las casillas 4, 8 y 12 para definir el modo de transformación y de evolución espiritual.

El Señor de la Noche: (Es específico del calendario tradicional). Aquí se describe la sombra que el sujeto debe afrontar para acceder a su luz.

Numerología Maya

Los mayas consideran que existen dos cifras primordiales que influyen a los ciclos: la cifra de 13 días y la cifra 52. La suma de ambas cifras da pie a un tercer ciclo y propicia vibraciones en días especiales, días en los que el alma tiene la posibilidad de expresarse, de purificarse y de evacuar todas sus tensiones, tanto a escala individual como colectiva. A menudo se elegía dichos días para realizar rituales o juegos con el objeto de permitir la expresión de las corrientes colectivas. Esos días eran a veces, a nivel colectivo, tiempos de crisis o de una fuerte tensión social. A nivel individual marcan acontecimientos importantes, momentos en los que las tensiones se liberan y se llevan a cabo tomas de conciencia.

Los ciclos de 13 años

El alma madura a partir de los ciclos de 13 años. El primer tramo de 13 años representa la infancia, el segundo la fase de aprendizaje, el tercero la fase del viaje interior, y el cuarto la fase del dominio.
Uno de los glifos del camino de evolución, así como la simbología de la etapa en la que se encuentra el alma, se valora de forma natural durante el año en curso. A través de su interpretación incidimos en dicha etapa, en el tramo de vida y en el glifo puesto en valor durante el año en curso.

He aquí los 5 primeros ciclos de 13 años:

Etapa	Símbolo	Tema principal del año	Edades Fase 1	Edades Fase 2	Edades Fase 3	Edades Fase 4	Edades Fase 5
1		El proyecto de vida o la intención inicial	0	13	26	39	52
2		El desafío o la dualidad que incita a permanecer reactivo	1	14	27	40	53
3		El movimiento que incita a servir	2	15	28	41	54
4		La estabilización de las bases	3	16	29	42	55
5		La expresión del poder personal	4	17	30	43	56
6		La adaptación práctica para la organización	5	18	31	44	57
7		El equilibrio en la civilización	6	19	32	45	58
8		La armonización con las leyes eternas	7	20	33	46	59
9		Ocupar su lugar en el mundo y realizarse	8	21	34	47	60
10		Construir su destino y alcanzar el logro	9	22	35	48	61
11		Clarificar y mejorar para liberarse	10	23	36	49	62
12		Asimilar, comunicar y cooperar	11	24	37	50	63
13		Trascender y ayudar al cosmos a hacer progresar a la humanidad	12	25	38	51	64

Los ciclos de 65 días y los días denominados «ardientes»

El ciclo de 260 días del calendario sagrado contiene 4 días ardientes. El calendario agrícola comienza por el Dragón (o Caimán) de tono 1. Añadimos 65 a ese glifo para obtener el primer día ardiente, después añadimos otros 65 para obtener el segundo día ardiente, y así de forma consecutiva hasta obtener el cuarto día ardiente.

Los 4 días ardientes son, entonces, el día del Mono de tono 4, el día del Sol de tono 4, el día del Águila de tono 4 y el día del Perro de tono 4. Se puede realizar la misma operación a partir del calendario tradicional comenzando por el glifo del Mono de tono 1.

A escala individual, el primer día ardiente es el primer glifo del camino de evolución. Los otros tres se calculan añadiendo 65 cada vez. El primer glifo de nuestro camino de evolución y nuestros tres glifos ardientes personales forman una familia. Esos glifos de identidad pueden tener un impacto particularmente importante en la evolución de las personas portadoras de esos glifos. Del mismo modo, podemos tener vínculos privilegiados con dichas personas. Por último, los días concernidos por esos glifos pueden tener una importancia particular porque durante esos días, se puede liberarse de cualquier stress o de todo exceso de energía o emoción. Hay sitios web donde se puede calcular esos días.

Síntesis

Realizaremos una síntesis y una conclusión. Se pueden proponer mejoras.

Ejemplo

El Señor James Redfield nació el 19 de marzo de 1950 a las 17h30. Carlos Castaneda, Henri Gougaud, Don Miguel Ruíz y Luis Hansa comparten la misma fecha de nacimiento. James Redfield contribuyó a dar a conocer la cultura chamánica de América Latina por medio de sus obras *La profecía de los Andes* y *La Décima profecía*.

Antes de nada, una Carta Astral Maya es una experiencia interior y no un proceso analítico. El ejemplo que mostramos a continuación muestra cómo realizar la estructura de la Carta Astral y observar las diferencias y las similitudes entre el calendario de las 13 lunas, el calendario tradicional con la constante de correlación denominada GMT (584283), así como con la constante VMR (774080). Sin embargo, no podemos concluir que exista un calendario «bueno» y otro «malo». Tan solo la persona a quien se realice la Carta Astral Maya puede evaluar cuál de los dos guarda más relación con su personalidad.

Calendario de las 13 lunas

Glifo de identidad:

Tabla 1. Constante del año 1950 = 48.

Tabla 2. Constante de 19 marzo = 132. Total = 180.

Tabla 3. El kin 180 es el Sol de tono 11.

El glifo de identidad es, en este caso, el Sol de tono 11.

Tabla 4. Cuando observemos el glifo 180 en la tabla 4, la cifra que aparece sobre el 180 indica el glifo guía. El glifo guía es, en este caso, el glifo número 20, es decir, el Sol.

Glifo aliado: 19 – glifo de identidad = Glifo aliado.

19 - 20= -1.

Cuando obtenemos cero o una cifra negativa añadimos 20 a dicha cifra.

-1 + 20 = 19, es decir, el glifo de la Tormenta.

Glifo antípoda: glifo de identidad + o – 10 se obtiene el glifo 170 o 190, que corresponde al Perro.

Glifo oculto: glifo de identidad + glifo oculto = 21. 20 + glifo oculto = 21. Glifo oculto = 21 – 20 = 1, es decir, el Dragón.

Camino encantado: cuando subimos del tono 11 al tono 1 damos con el glifo 170, el Perro. Entonces obtenemos el camino encantado del Perro, es decir, con el Perro en la casilla 1, el Mono en la casilla 2, el Humano en la casilla 3, el Caminante del Cielo en la casilla 4, el Jaguar en la casilla 5, el Águila en la casilla 6, el Guerrero en la casilla 7, la Tierra en la casilla 8, el Espejo en la casilla 9, la Tormenta en la casilla 10, el Sol en la casilla 11, el Dragón en la casilla 12 y el Viento en la casilla 13.

CRUZ MAYA 1 DEL SEÑOR REDFIELD

EL GLIFO GUÍA

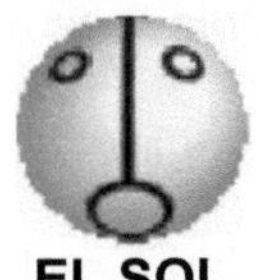

EL SOL

EL GLIFO ANTÍPODA **O DESAFÍO**	**EL KIN DE LA** **IDENTIDAD**	**EL GLIFO ANÁLOGO** **O ALIADO**
	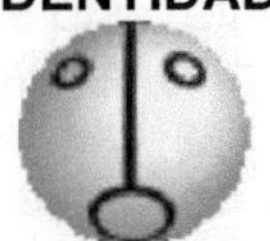	
EL PERRO	**EL SOL – 11** **KIN 180**	**LA TORMENTA**

EL GLIFO
OCULTO

EL DRAGÓN   **CAMINO ENCANTADO**

Calendario tradicional con la constante GMT 584283

Glifo de identidad: Tabla 6. Constante del año 1950 = 249.
Tabla 7. Constante del 19 de marzo = 258.

Total = 507. Restamos 260 cuando el total es superior a 260.
507 – 260 = 247.

Tabla 8. El kin 247 es la «Tierra» de tono 13.
El glifo de identidad es, en este caso, la Tierra de tono 13.

Glifo de origen: glifo de origen = glifo de identidad – 8.
247 – 8 = 239

El glifo 239 de la tabla 8 es la Luna de tono 5.

Glifo aliado femenino: glifo aliado = glifo de identidad + 6.

247 + 6 = 253. El glifo 253 de la tabla 8 es la Noche de tono 6.
Glifo desafío masculino: glifo aliado = glifo de identidad − 6.
247 − 6 = 241. El glifo 241 de la tabla 8 es el Mono de tono 7.

Glifo de destino: glifo de destino = glifo de identidad + 8.

247 + 8 = 255. El glifo 255 de la tabla 8 es la Serpiente de tono 8.

Camino encantado: cuando subimos desde la Tierra de tono 13 hasta el tono 1 damos con el glifo 235, la Serpiente de tono 1. Obtenemos entonces el camino encantado de la Serpiente, esto es, la Serpiente en la casilla 1, la Muerte en la casilla 2, la Mano en la casilla 3, la Estrella en la casilla 4, la Luna en la casilla 5, el Perro en la casilla 6, el Mono en la casilla 7, el Camino en la casilla 8, el Bambú en la casilla 9, el Jaguar en la casilla 10, el Águila en la casilla 11, el Búho en la casilla 12 y la Tierra en la casilla 13. En la página web http://www.pauahtun.org/cgi-bin/gregmaya.py la calculadora indica que el Señor de la Noche es G9.

Cruz Maya 2 del Señor Redfield

EL GLIFO GUÍA

MULUK – LA LUNA – 5

EL GLIFO ANTÍPODA O DESAFÍO

BATZ – EL MONO – 7

EL KIN DE LA IDENTIDAD

CABAN – LA TIERRA – 13 KIN 247

EL GLIFO ANÁLOGO O ALIADO

AKBAL – LA NOCHE–6

EL GLIFO OCULTO

G9

CHICCHAN – LA SERPIENTE – 8

CAMINO ENCA

NTADO

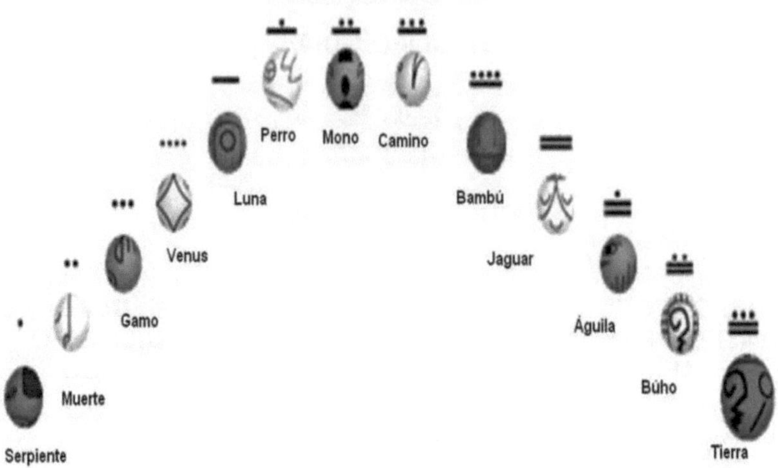

Calendario tradicional con la constante VMR 774080

Disponemos de una calculadora en la página web http://www.pauahtun.org/cgi-bin/gregmaya.py, en la que debemos indicar 774080 como constante de correlación.

También podemos utilizar la tabla 9 del anexo 2 de la presente obra, con las tablas 7 y 8.

Introduciendo la fecha 19 de marzo de 1950 con la constante 774080 obtenemos el kin 250, esto es, el Sol de tono 3 como kin de identidad, y el Señor de la Noche G4. Siguiendo el mismo procedimiento, obtenemos la Cruz Maya y la Trecena tal y como aparecen a continuación.

Cruz Maya 3 del Señor Redfield

EL GLIFO GUÍA

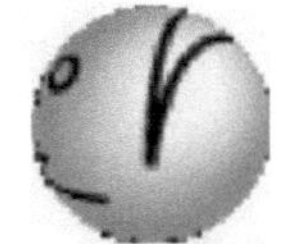

EB – El HUMANO – 8

| EL GLIFO ANTÍPODA O DESAFÍO | EL KIN DE LA IDENTIDAD | EL GLIFO ANÁLOGO O ALIADO |

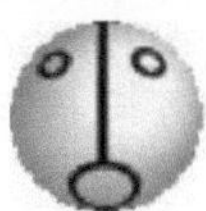
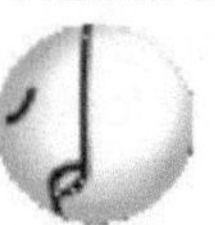

IX – EL MAGO JAGUAR – 6

AHAU–EL SOL – 3

KIN 250

CIMI–LA MUERTE–8

EL GLIFO OCULTO

G4

LAMAT – ESTRELLA – 11

SÍLEX – ESPEJO

TRECENA DEL SÍLEX ESPEJO

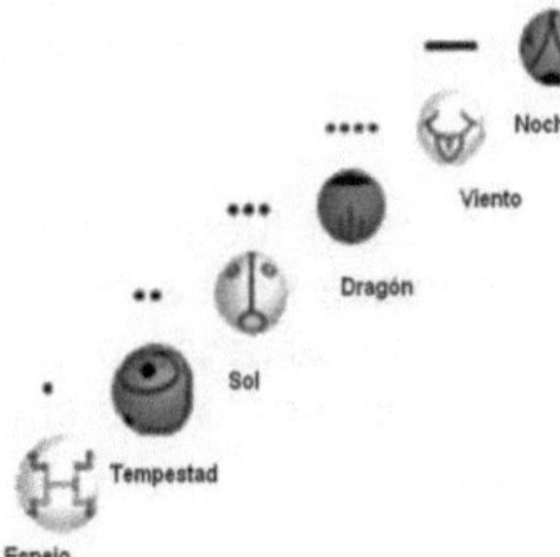
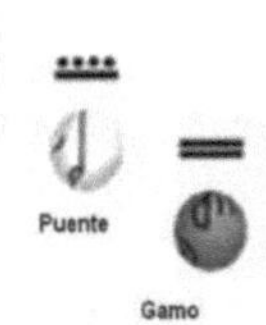
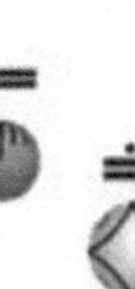

EL MENSAJE DE LOS 20 GLIFOS SAGRADOS

1. EL DRAGÓN O COCODRILO O CAIMÁN

Matriz original representada a menudo por la Vía Láctea, fuego primordial y fuente de toda la vida, el Dragón es la energía y la motivación que pone en marcha a la vida. Elimina la ignorancia y hace que comience un nuevo ciclo. Es quien alimenta a la vida proporcionándole lo necesario para que la vida siga su curso. Vive intensamente en el instante presente, desencadena la acción y aporta la confianza en la abundancia. Se representa por medio de un sol saliente con 7 granos.

El Dragón simboliza la Vía Láctea, fuente de toda la vida. También es el símbolo el árbol de la vida que hunde sus raíces en la memoria del mundo. Es el comienzo primordial, el nacimiento, la madre naturaleza primitiva que trae consigo la vida gracias a una fuerza vital que nutre lo existente.

Es la sabiduría del comienzo de los tiempos, la memoria original y la puerta del conocimiento. El Dragón lleva consigo el regalo de «ser», en el silencio interior y en la fe, libre de todo pensamiento y de todo temor, completamente en el momento presente, en un estado total de soltar lastre, permaneciendo siempre en movimiento. Vuela libremente por los aires y escupe fuego cuando lo estima necesario. Su poder puede ser creativo o destructivo si no es canalizado correctamente.

Está dotado del poder de los comienzos. Iniciador, es el fuego interior, el detonante que empuja a la acción para comenzar cualquier cosa. Su misión consiste en iniciar y hacer actuar a los seres, a los grupos, a los proyectos y a las empresas, para distintas actividades, pero también para sostenerlas, nutrirlas y acompañarlas en su desarrollo de la acción.

Un Dragón en conexión con su esencia espiritual es portador de vida y de acción.

Es capaz de sacudir su indolencia, de dejarse inflamar por el poder del amor, de usar con eficacia su poder de decidir, controlar su impaciencia, tener confianza en sí mismo y en la vida, mantener su cuerpo sano y vigoroso, nutrirse correctamente en todos los aspectos, de afirmarse por la vida y la acción y seguir los impulsos de su alma. Inicia y pone a los demás en el camino espiritual, en el camino de retorno a la fuente. Un Dragón dormido es perezoso o comienza muchas cosas... ¡que no termina jamás! Desperdicia su energía y pierde su tiempo.

Este glifo nos invita a ir a las profundidades primordiales de la fuente de la vida, a la búsqueda del alimento que precisamos y que echamos en falta. Podemos obtenerlo siendo receptivos y teniendo confianza, eligiendo el momento adecuado para reaccionar, actuando sin tener garantías y sin tratar de controlar los resultados de nuestras vidas. Sus principales cualidades son una gran receptividad y la fuerza de acción.

Querido lector, ten fe en el guía que se encuentra en tu corazón, déjale dirigirte, ten confianza en los procesos de transformación. Sé consciente de que tu verdadera naturaleza es el Amor incondicional, y da muestras de compasión. En un primer momento el hombre tiene tendencia a querer controlarlo todo, a cambiar o a mejorar su entorno. Después aprendemos a cultivar la aceptación de lo que acontece y a dejar las cosas tal cual son, esto es, seguir su curso natural.

El Dragón nos dice que no debemos quejarnos cuando llueve, sino que tenemos que amar el agua que cae del cielo y no estresarnos cuando hay, por ejemplo, atascos en la carretera, ya que la situación es así. El Dragón es como un árbol que observa el mundo que hay a su alrededor sin juzgarlo y sin pretender cambiar las cosas. Después, cuando llega el momento adecuado, como si fuera una prueba, realiza la acción de forma eficaz.

Si encuentras ese sentimiento de evidencia puedes tener confianza en ti mismo y creer en la fuerza de la Vida. Puedes tener esa confianza primordial y tomar conciencia de que el universo... ¡siempre te responde! Recibe tus dones y no temas en darte al prójimo, ya que siendo receptivo, y dándote a los demás, ¡completas el ciclo del Amor!

Accede a la fuente de la vida y de la creación, a la Madre Universal. De ese modo dispondrás de recursos ilimitados para cuidar a los otros, y cuidarte a ti mismo. ¡Y eres muy capaz de cuidar a los otros y de protegerles! Pero debes tener en cuenta que a veces cuidas de los demás de forma sistemática, y entonces eres como una Madre Universal... ¡sacrificándote para alimentar y ayudar al prójimo! Y no te obsesiones por tu territorio.

No seas sobreprotector o dominador, ¡ya que no harás más que alimentar tu inseguridad! Recuerda que siempre estás entre las manos de la Vida que ha creado tu ser. Confía en que la vida y el mundo te alimenten y te den lo que necesitas para tu viaje. Si sientes que necesitas ayuda, piensa en ir en la dirección de tu ser profundo, ábrete a la conexión con la Fuente y recibe la abundancia de la fuerza de la vida. Tener confianza significa que no hay ni errores ni víctimas, tan solo experiencias, aprendizajes y procesos de crecimiento y desarrollo.

Siéntete digno de recibir lo que te dan los otros y cree en la ilimitada sabiduría de la providencia. Te corresponde a ti pedir ayuda si la necesitas para concretar y rentabilizar tus proyectos o tus creaciones.

Valora tus cualidades, tu integridad. Permanece abierto y alerta a tus sentimientos, a tus deseos y a tus sueños. Ama a la vida tal cual es sumergiéndote en su flujo. Sé tu propia «Madre que nutre» y date lo que necesitas para después dárselo a los demás. Sé muy atento a que parte de ti nutres. Mira donde circula la energía y donde no fluye, lo que te da energía y lo que te hace gastar energía.

Gracias a tu presencia intensa y tu capacidad para influir en el inconsciente colectivo y en la corriente del tiempo, puedes ser el iniciador —tanto en ti como en los demás— de nuevas ideas, de nuevos proyectos o de un nuevo ciclo.

2. EL VIENTO QUE APORTA LA LLUVIA O EL SOPLO DE LA VIDA

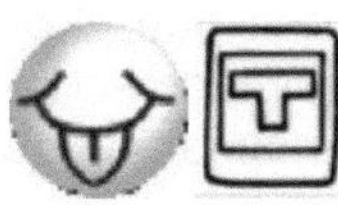

Soplo divino, voz inspiradora de palabras y de cantos, mensajero celeste, poder del verbo creador, el Viento ocupa el espacio, pone la vida en movimiento y aporta los mensajes para revelar la orden cósmica original, la verdad y el «espíritu» de lo que está más allá de cualquier dualidad. Es símbolo de los árboles, de la inteligencia, de la comunicación, de la difusión y de la adaptación.

El Viento o Ik representa al dios Quetzalcóatl. Es el poder del verbo, el soplo de vida y del espíritu. Es también la respiración, la potencia que hay tras el movimiento de los ciclos naturales. Su acción consiste en comunicar y movilizar con la ayuda de la palabra, otorgando sentido espiritual a cada experiencia de la vida. Merced al Viento amamos comunicarnos y tenemos la capacidad de ser portadores de palabras positivas, como si fuéramos periodistas o personas que transmiten la espiritualidad a través de la comunicación.

Un Viento dormido es una persona que habla sin cesar y que hace mucho ruido sin sentido ni profundidad, sin transmitir verdaderos contenidos, y que no logra comunicar nada. Un Viento despierto está bien anclado a sí mismo, a la realidad que le rodea. Difunde y propaga la verdad del soplo del Espíritu. Cuando el viento se desata es extremadamente dúctil, flexible y se adapta a todo. Su palabra es sobria, justa, precisa, pertinente e inspirada por el corazón. Pone la vida en movimiento.

Este glifo nos indica que debemos abrir nuestro espíritu para vivir guiados e inspirados. Nos pide que salgamos de nuestra dimensión mental, esto es, que no pensemos durante todo el tiempo, y que paremos de nutrir un dialogo interno perpetuo. Nos propone simplificar, escuchar, estar en nuestro cuerpo de forma plena y movernos hacia la verdad. Como el viento, nos pide ser espontáneos, abrirnos a las corrientes de cambio e integrar las fuerzas invisibles que se movilizan para guiarnos, inspirarnos y ayudarnos.

Querido lector, comparte con los demás lo que sientes, lo que habita en tu interior, lo que piensas. Si no lo haces te privarás de sentirte desligado de tu negatividad, y también de un gran placer.

Debes prestar atención a la manera en que comunicas y compartes con los otros, y debes tener cuidado para no herir a los demás.

Comunica desde tu corazón y haz que el amor te guíe. Sé consciente de que siempre permaneces en contacto con tu parte divina, desarrolla tu potencial y presta atención a la inspiración que te muestra el Espíritu.

Presta también atención al sentimiento de separación, de abandono o de soledad, y recuerda que siempre estás vinculado a la fuente universal, que debes cumplir el rol de emisario del gran cambio que se anuncia en la Tierra para que todos podamos vivir en un mundo mejor y más armonioso, para que todos estemos en paz y rodeados de amor.

Observa y analiza el sentimiento de separación. Comprueba que la vida no nos abandona jamás si nosotros no la abandonamos primero, y aprende a sentir la dulce y feliz presencia de la reunificación y del sentimiento de sentirse vinculado a la Vida. Para ello podemos utilizar el aprendizaje de la respiración consciente. Respira lenta y profundamente hasta que percibas que ya no existe separación alguna entre el aire en movimiento, los pulmones en movimiento y la persona que respira, sintiendo así que es la vida la que respira a través de ti.

Aprenda cómo utilizar la energía mágica de la palabra, eligiendo palabras y frases que te tocan y te elevan, repitiéndolas cada día, aprendiendo a sentirlas y a sentirte como si fueras la consciencia de estas palabras elegidas, hasta que sean las palabras que se hablan por ti y no tu que hablas con las palabras, hasta que llegan a ser como vividas en ti y hasta que tu alma se una con estas palabras.

Encuentra la forma de comunicarte con los demás, ya sea por medio de la palabra, de la escritura, de los actos o por medio de un oficio. Sé consciente de que tu habilidad para comunicar es lo mejor que hay en ti. Antes de nada, debes aprender a experimentar la conexión con lo divino actuando acorde a tu inspiración, sintiendo la presencia unificadora del Espíritu y, en consecuencia, comunicando de forma clara y precisa.

Para ti es esencial comunicar fielmente lo que sientes, tratando siempre de no herir, de escuchar lo que los demás pueden enseñarte en términos de respiración y de comunicación. Tu palabra llega entonces a ser sobria, justa, precisa, pertinente, inspirada por el corazón y por la fuente del movimiento de la vida.

3. LA NOCHE O LA OSCURIDAD O LA FUENTE DE LA ABUNDANCIA

La Noche representa un viaje interior hacia lo invisible y los misterios, así como la creación y la exploración de su santuario, de su morada. Revela los regalos y las riquezas del inconsciente y también la fuerza mágica de la fe. En el mundo de los sueños, así como en la realidad material, la unión de lo masculino y lo femenino concentra la energía para proteger y regenerar la vida, y también para manifestar sus sueños, su poder, su seguridad y su abundancia. Todas las riquezas pueden manifestarse con la Noche. El glifo está representado por dos velos que se separan.

La Noche es la exploración de lo invisible, de los secretos, de los sueños y del mundo interior. Nos permite confrontarnos a nuestras sombras y disolverlas en la luz. Es quien propicia el alba y un nuevo nacimiento. Su herramienta principal es la intuición activa. La Noche es la guardiana de la morada y del hogar que es la fuente de nuestros recursos. La principal finalidad de la Noche es crear y proteger un hogar feliz en el que cada miembro de la familia pueda acceder a sus recursos. Nos permite proteger nuestro hogar, la familia y el bienestar, manteniendo alejados los elementos sombríos del mundo exterior.

El glifo de la Noche nos conecta con la vacuidad, con esa zona del mundo en la que nada se manifiesta, pero en la que residen todos los potenciales: es la matriz de la creación. A partir de él tenemos la capacidad de manifestar la abundancia en la materia llevando a cabo nuevas ideas, inspiraciones artísticas, intuiciones o soluciones organizadas. La noche es el lugar escondido y secreto, la morada del misterio en la que el Espíritu genera la abundancia en la vida.

La segunda finalidad de la noche consiste en suscitar la abundancia en nuestras vidas. Dicha abundancia está compuesta por bienes espirituales y materiales. Para generarla es preciso disponer de una intención clara, de encontrar y potenciar el gozo en nuestros corazones, de organizarnos de forma concreta y de utilizar el poder de la verdadera fe. Como puedes ver, querido lector, ¡el gozo, la alegría y la acción son los alimentos de la abundancia! La Noche nos invita a instalarnos en silencio y a bucear en la oscuridad, en nuestra vida interior, en una quietud absoluta, sin temores y sin pensamientos, y dirigirnos al mundo de los sueños para contactar una visión espiritual.

El espacio–tiempo de los sueños encierra numerosas oportunidades. Presta atención a tus sueños, ya que existen en ellos verdaderos tesoros que te atienden. En ellos descubrirás tus dones, tu potencial, tus añoranzas, tu plan de alma, tus ideas y tu gozo. Penetra en tus sueños, en los que todo es posible, donde no existen diferencias entre el presente y el futuro, entre lo que crees y lo que esperas.

Da te cuenta que la verdadera fe no es creer en algo que te parece verdadero pero que es la certeza interior de alcanzar lo que te promete y sobre todo tener la fuerza y el poder de hacer lo que hay que hacer. Da te cuenta que tu fe recibe las fuerzas de tu voluntad como un molde y que crea con esto una nueva forma, un objetó o un evento, un acontecimiento, que luego materializa en tu vida. Además puedes llevar contigo, desde tu interior hasta la realidad concreta, los elementos que crearán las realizaciones y la realidad que hay en ti a partir de tu plan de alma. Empéñate en dar forma a tus sueños y a tus deseos para manifestarlos en la realidad. Crea tu propio sueño personal según tu fe.

También tienes conexiones telepáticas durante tus sueños, en los que recibes informaciones y mensajes. La Noche es, además, el poder de la intuición y de la visión en la oscuridad. Cuando anochece y no vemos nada, otros sentidos toman el relevo de la vista. Cuando estás conectado espiritualmente y asocias tu poder mental a tu intuición, puedes convertirte en dueño de esta última, es decir, en un transmisor, un narrador, un vidente, un tarólogo o un *coach,* que es como una luz que guía en la Noche. También puedes ayudar a los demás a ver con claridad en sus caminos de vida y alumbrar, mediante la luz de la comprensión, las zonas sombrías que habitan en el inconsciente individual.

Una Noche dormida puede engendrar una carencia de bienes materiales o espirituales, así como una avidez material conducente al consumismo, e incluso un estado de angustia y de inseguridad permanente. Si constatas que en tu vida te encuentras limitado por un proceso interno o por un problema específico, en lugar de resistir y de angustiarte, observa tu interior, abraza lo que está ocurriendo en ti, examina tus creencias, tu memoria y tus pensamientos. Comprueba cómo te juzgas, cómo te evalúas y te impides a ti mismo acceder a tu gozo natural. Recuerda que las creencias que están listas para ser transformadas se encuentran próximas a tu consciencia a través del camino de oscuridad. Hazte cargo de ellas y permanece dispuesto a penetrar en lo desconocido, en profundidad, en tu santuario interior, para buscar los tesoros y los dones que te esperan. Ahí hallarás grandes potenciales, grandes regalos, un gran gozo que tan solo espera ser expresado por ti para llevar a cabo tu propio crecimiento.

4. La Semilla O EL MAÍZ O EL LAGARTO

La Semilla contiene, en un reducido volumen, toda la información y los programas necesarios para la evolución. Nos muestra que cualquier proyecto comienza por una idea simple. Permite encontrar el terreno y las condiciones propicias para que la información que contiene se ponga en acción, para que el programa de vida que está inscrito en ella pueda manifestarse y para que la conciencia logre florecer. Pasar del grano a un tallo de maíz o a un árbol es un proyecto que se lleva a cabo gracias a la organización y a la distribución inteligente de la energía, de la información y de los recursos, de forma lenta pero firme. La Semilla gestiona los proyectos y hace fructificar los recursos para que éstos perpetúen la vida. Todos los potenciales pueden materializarse gracias al Grano.

La Semilla o el Grano es el germen de la vida, de la fertilidad, de la sensualidad, de la energía sexual creadora y fecunda. Lleva consigo todas las posibilidades del futuro, todos los deseos y los proyectos potenciales.

Es el poder de planificación y de crecimiento organizado de la evolución a través del florecimiento de formas de pensamiento, de una idea de nuestro Ser, de un potencial que busca ser revelado, del código genético que trae consigo la Fuente de la que proceden todos los seres humanos. Es una acción organizada, un proyecto potencial, el impulso para florecer y expandirse, para sembrar y cosechar, en definitiva, un poder de crecimiento y de desarrollo.

El glifo de la Semilla representa, al mismo tiempo, al grano, al suelo del que se alimenta, en el que se encuentran todos los ingredientes necesarios para que germine, crezca y florezca el grano, pero también el complejo reticular del que forma parte. El Grano entra en contacto con el mundo a través de los cinco sentidos. Es el símbolo de la Naturaleza en acción para concretar una multitud de proyectos.

Al igual que el Grano, nos sentimos atraídos por la Luz de nuestra esencia divina, lo que nos incita a florecer y a permitir la realización de nuestra verdadera esencia divina. Para hacer florecer a los individuos y a las comunidades, el Grano desvela las necesidades, los secretos y las decepciones ocultas.

Libera las influencias y las creencias limitadoras del pasado y de lo imposible para que nos convirtamos en una persona completamente nueva.

Un Grano despierto sabe cuándo es preciso hablar o guardar silencio, actuar o permanecer inactivo, sembrar o cosechar. Sabe hacer prueba de valentía y de gratitud. Es capaz de hacer florecer todo lo que toca como por arte de magia. Su misión consiste en enseñar y en hacer florecer el Espíritu de los demás ayudándoles a crecer, a madurar y a realizarse plenamente. Es especialista en la gestión de proyectos porque sabe hacer funcionar a una red de informaciones y de personas. Un Grano dormido no es capaz de actuar para florecer y lleva una vida muy limitada, o se marchita de tristeza.

Para crecer el Grano precisa luz y agua. También necesita estar conectado con los otros Granos para formar parte de un Todo. El agua es la emoción, la fluidez que toma el camino de la mínima resistencia. La luz es la consciencia, la creatividad y la gratitud. Busca las emociones portadoras y la luz de la conciencia para permitir que germinen tu potencial y tus talentos. Aprende a meditar en silencio para observar dónde y cuándo la luz tiene dificultades para entrar en tu conciencia. En definitiva, estás en tu propio campo de investigación. Deja la oscuridad tras de ti para que te conviertas en el regalo que en realidad eres. Aprecia los regalos que te han hecho y aprende a recibir las enseñanzas y las lecciones que la vida te aporta. El misterio florece en ti gracias al poder de tus intenciones y de tus pensamientos.

Tal vez suelas permanecer estático para sentirte protegido, sano y salvo en tu caparazón, para no ser vulnerable. Si es así, observa cómo limitas tu crecimiento. Deshazte de tu coraza formada de concepciones, de memoria, de creencias limitadoras y por estructuras mentales que te mantienen maniatado. Libérate de las creencias que te dan una falsa impresión de seguridad y dale a tu vida nuevas posibilidades de crecimiento. Eres la tierra receptiva, y tus deseos atraen de forma natural la ayuda que precisas. Todos tus sueños y deseos se despliegan y manan de tu interior a la espera del despertar, de poder florecer de forma definitiva.

Cultiva tus intenciones y ellas sabrán guiarte en su manifestación. Ve y siente la posibilidad de que los sueños puedan emerger de tu corazón, y déjales emerger. Eres un sembrador y un recolector. Toma conciencia de tus sueños y de tus aspiraciones más profundas. Imagina que pueden llevarse a cabo si pones algo de tu parte. Este glifo te invita a plantar el Grano de una intención, de un proyecto o de un sueño, en función de lo que te dicte tu corazón, para después trabajar el terreno que hay alrededor siendo receptivo para hacer florecer las cosas.

Ten en cuenta al tiempo y actúa de forma justa, ya que el Grano sabe cuándo es el mejor momento para salir de la tierra: hay un tiempo para la siembra, un tiempo para la espera y un tiempo para la cosecha. Realízate ahí donde tengas tus potenciales. A través de tus procesos de vida y de aprendizaje siembras diferentes deseos y diferentes intenciones. A medida que se despiertan tus esquemas de crecimiento, la conciencia de tu verdad se transforma en sabiduría y se fusiona con la Luz en la que florecen todos los Granos. De ese modo, cuando siembras tu verdad, adviene más verdad a la Tierra. Con la inteligencia de vida que tienes, encuentras soluciones adaptadas. Así creas un terreno cada vez más fértil en el que puedes explorar y expresar todo lo que eres. Gestiona tu camino espiritual como un proyecto, date los medios precisos para florecer y prosperar en el gozo. Por último, permanece ligado a los otros y ayúdales a florecer y a prosperar.

Tu ser verdadero es como una semilla luminosa creída por la fuente de toda vida. Esta semilla es actualmente dormida o apagada porque tu consciencia no está en ella. Esta semilla está formado por un cuerpo y por une parte central vacía. Cuando llegas a ser la imagen del mejor de ti mismo y luego el mejor de quien eres, cuando llegas a sentirte como un liquido feliz y luminoso en el centro de ti mismo, con la fuerza del amor, de la fe y del trabajo sobre ti para liberarte, permites a esta semilla de recibir otra vez en su centro una chispa espiritual luminosa que viene del centro galáctico, de la fuente de toda vida. La semilla dormida que tú eras vuelva a ser otra vez el cuerpo de esta chispa luminosa.

Experimentas entonces un renacimiento en este nuevo cuerpo vulvas y ser un árbol luminoso o un ser radiante que brilla con todo su esplendor porque esta reconectado con la fuente de toda vida.

5. LA SERPIENTE

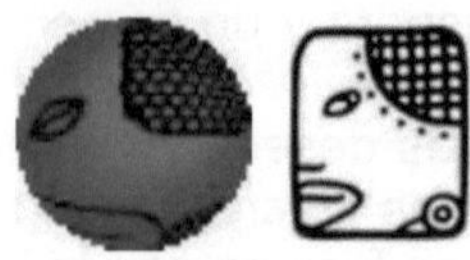

La Serpiente es el cerebro primitivo que permite conocer y sentir la energía de todo lo existente sin haberlo aprendido, suscitar una potente fuerza vital, satisfacer las necesidades esenciales y adaptarse de forma fluida a las condiciones difíciles. A través de la Serpiente, el fuego de la vida encarnada expresa la fuerza de la vida cósmica que va siempre por delante, el instinto seguro que desencadena la acción justa, la conciencia de la eternidad, el instinto de supervivencia y el dominio de la energía. Es la kundalini que circula con fluidez por la columna vertebral y por los chacras, permitiendo así permanecer ligado, al mismo tiempo, a las energías telúricas y a las energías cósmicas. La Serpiente muestra cómo debe expresarse nuestro cuerpo para ser un medio de transformación y cómo hacer circular la energía sexual de manera armoniosa para optimizar la vitalidad.

En tanto que impulso, la Serpiente es la energía vital combativa que permite vivir y sobrevivir. La energía de la Serpiente permite reproducirse a la raza humana, así como la existencia de la naturaleza. Es el poder del crecimiento corporal, de la sexualidad y del dominio de las energías sutiles. Es una fuerza consciente de su individualidad capaz de convertir la ignorancia en conocimiento, la sombra en luz, gracias a la experiencia de los misterios y de los movimientos de energía en el cuerpo.

Dotada de un fuerte instinto de lucha por la supervivencia y de mucha vitalidad, la Serpiente puede canalizar esa energía en cualquier actividad intensa que precise de mucha fuerza física y de resistencia al desgaste, así como en las actividades que pongan a prueba el instinto de supervivencia. La Serpiente es siempre cercana a su cuerpo y a la naturaleza. Tiene una fuerte conciencia ecológica. Se preocupa por preservar las especies.

La Serpiente dormida nutre una tendencia a no aceptar las cosas y la gente como son. Muchas veces rechaza y tiene miedo de la traición. Se vuelve depresiva, víctima de su saboteador. Se intoxica con relaciones de dependencia, con comportamientos agresivos y destructivos, con emociones violentas y canaliza su energía a través del sexo sin amor o à través de ideas negativas.

La Serpiente despierta es muy lúcido y siempre vigila. Es flexible y se adapta a todo. Se da cuenta que hay un camino resbaladizo e incierto que conduce hacia la oscuridad o que mantiene en ella y otro camino, estrecho y firme como piedras, que conduce hacia la luz. Busca con todas sus fuerzas a bucear en la vacuidad, hasta alcanzar el espacio más allá de la vacuidad donde existe la luz, para no quedarse en la oscuridad y para experimentar la luz. Aprende a evitar de ponerse en situaciones de dependencia energética, financiera o emocional, a ver que cualquier poder que mantenga en esclavitud es solamente basado sobre ignorancia, falsas creencias, miedos y sobre una atención mal dirigida, a desviarse de tales poderes y de espejismos que relucen para atraer atención y a rechazar todo lo que no permite la radiación del amor y una paz interior sostenible.

Sabe que el odio es une energía opuesta al amor, que esta energía es un refugio para personas impotentes, une es une energía que todavía no ha descubierto su poder y que se debe transformar en amor y en poder creativo para liberarse de si mismo. El serpiente despertado aprende à despreciar el odio y a evitar prestarla atención y nutrirla, porque ya sabe toda la miseria que el odio puede crear. Actúa para exprimir el mejor de sí mismo, para desarrollar su poder y para usar este poder para servir la vida.

Cómo es capaz de sincronizar sus deseos con su corazón y con su poder de vida como es capaz de mantener un estado vibratorio muy alto, es capaz de transformarlo todo como por arte de magia. Permite disfrutar de los milagros, de las maravillas del cuerpo humano y de su vitalidad. Vincula la tierra al cielo, el corazón al cuerpo, combinando la autoridad y la verdad, para aportar justicia a la Tierra a través de una actitud sincera de servicio a los demás.

La Serpiente nos otorga la fuerza vital y la conciencia para actuar, en cada momento, de forma intuitiva e instintiva, dejando a nuestros presentimientos aportar las soluciones a nuestros problemas, y para escuchar lo que nos dice nuestro cuerpo, nuestro instinto, permitiendo así una liberación de los viejos esquemas mentales. También nos proporciona la fuerza necesaria para quitar los miedos y deseos inferiores y para ayudarnos en los procesos de desintoxicación, de purificación y de transformación. La Serpiente da pie a la intuición, a la sensualidad, a la pasión y a la combatividad para liberar nuestra creatividad y para hacer que seamos los dominadores de cada situación. Escuchemos atentamente los mensajes de nuestro cuerpo y de nuestra intuición, ya que en ellos se encuentra el camino que nos indica lo que debe hacerse en cada situación. Querido lector, siente cómo con la sexualidad y la intimidad se despierta la vitalidad y la pasión por la vida. Entérate que solamente el sexo con amor en une relación de pareja es positivo y sagrado y que la ultima meta de tu vida es alcanzar y vivir la luz que está en el centro de tu corazón. Haz todo lo posible para no vivir una existencia monótona examinando tus rutinas y tu conducta. Trata de sentir y de encontrar nuevos caminos que te aporten más espontaneidad y emoción.

Intenta no prestar tanta atención a la apariencia exterior de tu cuerpo físico y a la manera en que los otros te ven. Utiliza tu cuerpo como un vehículo y como una herramienta para tu transformación interior. Explora tus presentimientos, tus sensaciones, tus emociones y, sobre todo, tus vibraciones como un medio para activar tu conciencia más elevada. Si integras el flujo natural de tu fuerza vital podrás experimentar el fuego sagrado de la danza de la Serpiente que habita en tu interior. Desde la luz del amor que sale de su corazón, siente tu sexualidad, el movimiento de energía en tu cuerpo, y tus emociones como energías que te harán libre, permitiéndote así escoger espontáneamente, en cada instante, nuevas soluciones adaptadas a cada situación, con la finalidad de ser un instrumento iluminado y un agente de transformación al servicio de la vida.

6. LA MUERTE O EL PUENTE O EL ENLAZADOR DE MUNDOS

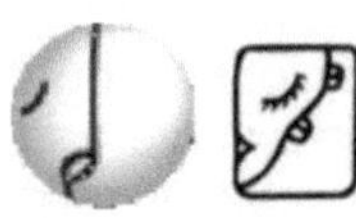

El Puente nos permite percibir el Ser y el Otro en su esencia eterna, así como abandonar lo antiguo en todo lo que no nos es útil para lo nuevo y cambiar de visión, lo que nos libera de los esquemas y creencias que impiden la felicidad. También permite transformarse y transformar, vincular los mundos entre ellos, pasar de un mundo al otro y experimentar la iniciación para que renazca a su verdad profunda. La vida es una transformación permanente que requiere el abandono de lo que no es pertinente, y ver la muerte como un pasaje necesario para el renacimiento. Merced a una visión del comienzo y del fin de ciclo, el Puente domina el espacio–tiempo que hay entre ambos abandonando cualquier tendencia a querer controlarlo todo, suscitando, al mismo tiempo, la energía curadora de la renovación. Crea puentes entre los seres y las situaciones, y trasciende el miedo a la muerte.

Este glifo representa el poder de la muerte y de la transformación, guiadas por el poder del corazón que ha trascendido al miedo. Corresponde a los ciclos de la vida, de la muerte, del renacimiento y a la memoria de los ancestros.

Es un punto de comunicación entre dos mundos. Es, además, el que contacta y conecta con otras dimensiones de la vida. Es quien contacta con los ancestros en el más allá para obtener ayuda. Es el que trasciende la muerte y nos muestra que ésta no es más que un simple pasaje, un mero cambio de frecuencia. También es el que puede cerrar ciertas puertas y abrir otras.

Este glifo es capaz de relajarse totalmente, de mirar adentro con una gran intensidad, de observar, de llamar la luz en el cuándo crea un espacio de silencio, de bucear en su vacuidad interior siguiendo un puente invisible que conduce al espacio de luz en el centro de su corazón y de llegar hasta el otro lado del puente transfiriendo su consciencia en su cuerpo de luz. Es entonces el que muere para renacer, el que deja tras de sí, sin dolor, a lo antiguo y a la ignorancia para adoptar lo nuevo de una forma natural. También es capaz de renunciar a un trabajo, a los viejos rencores, a las historias antiguas, a los amores que no existen y, sobre todo, al ego y a sus ficciones.

Por lo tanto, puede acceder a la gracia conferida por un Yo superior y llegar a ser un puente entre "la Fuente de toda vida" y los seres humanos. Un «puente entre los mundos» despierto y consciente de sí es un organizador, un transformador, un guía y un curador. Es capaz de guiar con calma a las almas a través de las transformaciones y de los períodos de transición de la vida, conectando a cada persona a su verdad profunda. En la vida cotidiana su terreno idóneo es el de las relaciones públicas. Con este glifo debes comprender el proceso de la muerte del cuerpo físico y de la transformación de la materia, y verlo como un proceso natural para tu propio crecimiento. Debes aprender "el arte de morir" siendo siempre listo para morir y para dejar lo todo detrás, con confianza y paz. Debes ser consciente de tus conexiones con tus ancestros y del poder de influencia «a distancia» que tienen en tu vida. Si no lo haces corres el riesgo de experimentar dolores y sufrimientos, de «auto–sabotearte» y de quedarte estancado en un rol de víctima. Antes de tener acceso a los caminos nuevos debes abandonar los antiguos y dejar atrás todos los obstáculos.

Pregúntate a ti mismo si tus posesiones, tus situaciones, tus relaciones, tus ideas, tus creencias y tus juicios de valor sirven para tu crecimiento, o si, por el contrario, te impiden crecer y avanzar. Solo en ese caso estarás en disposición de soltar lastre, de abandonar lo que no es estrictamente necesario y de perdonar, y también de vivir experiencias vibratorias cuyo origen se encuentra más allá del cuerpo. Toda resistencia es el resultado del miedo a la muerte que debes superar. Tienes que comprender que no vives verdaderamente hasta que no contemplas la muerte como una consecuencia de la vida, hasta que no eres plenamente consciente y has situado la memoria de tus ancestros en su justo lugar. La muerte no es más que una delgada frontera tras la cual se esconde otra realidad. Debes soltar lastre, liberarte sin miedo alguno, y perdonar lo que debe ser perdonado gracias al poder del corazón.

Este glifo te pide que ceses de buscar la perfección y de tratar de controlar todas las cosas. Reclama que te liberes de las ataduras de la acción preconcebida y de las ideas que giran en torno a cómo deberían ser en realidad las cosas. Solicita que te perdones a ti mismo y a los demás, que abandones tus viejos rencores que te limitan en tu evolución y en tus posibilidades, todo ello para vivir de forma inspirada. Abandonando lo que te limita te permites a ti mismo vivir una muerte simbólica. Tu muerte simbólica te permite dejar un espacio a las nuevas ideas, a nuevos encuentros, a nuevas relaciones y a una nueva vida. Por último, permite emerger a tu ser verdadero y descubrir tu verdad profunda. Entonces podrás poner a disposición tus capacidades de organización, tu sentido de las tareas o tus aptitudes para ser un acompañante en períodos de transición, o para crear puentes entre las personas, las informaciones o las cosas, al servicio de tu propia comunidad. Los mayas asociaban este día a un día de suerte y de éxito en las tareas.

7. EL GAMO O LA MANO

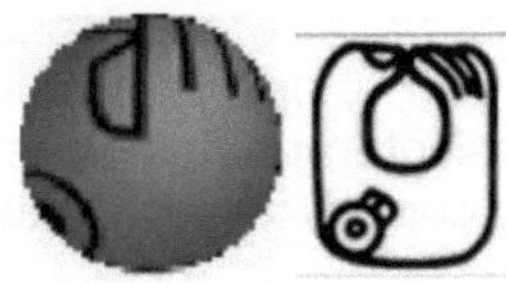

Una correcta visión de la forma en la que se desarrollan las cosas y los seres nos aporta una inteligencia energética, artística, técnica, manual y curadora. Ello nos permite una abertura al conocimiento, una reevaluación de los conocimientos existentes y de la manera en la que nos identificamos a nuestras ideas, además de una adaptación al mundo por medio de una gestión inteligente de las relaciones, de los sistemas de información y del entorno. Entonces la voluntad concretiza los objetivos por medio de un movimiento permanente y adaptado de la información. La Mano nos permite saber, hacer, concretizar y curar con sabiduría. Nos trae el verdadero camino del conocimiento, el camino de la acción. Nos da la consciencia del valor del trabajo, del trabajo bien hecho. Se representa por medio de una mano y por el anillo del sabio de la comunidad.

La Mano es una puerta iniciática que permite el acceso a la comprensión de otras dimensiones. Cierra un ciclo y posibilita el paso a un nuevo estado del Ser. Aporta la comprensión intuitiva del nuevo mundo. Este nuevo mundo es el movimiento de la vida asociado a la inteligencia y a la belleza.

La inteligencia de la belleza de la vida en movimiento se puede expresar a través de la danza. La Mano le permite a la vida bailar y ver la belleza en todas las cosas. Para ello precisas estar centrado en tu poder y observar tu propia belleza. A partir de ahí tu autoridad se expresa naturalmente, y tu ego se alinea con la voluntad divina. Entonces tu sola presencia invita a los demás a expresar su verdad profunda y a ser lo que en verdad son.

La Mano tiene muchos talentos, entre los que se cuentan el de curar las heridas del cuerpo y del alma, el de concretizar las cosas en la materia y el de producir objetos. Los talentos manuales o espirituales pueden expresarse en ti. Dichos talentos y competencias están vinculados a la intuición y a la comprensión intuitiva de los seres, de las cosas y de la vida.

La Mano también está ligada al poder de tocar y a una visión certera de las formas y de los materiales. A partir de dicha visión nace la comprensión de la forma. La Mano existe para sostener, para ayudar a la curación, para actuar y para crear cosas con las manos.

Contribuye, igualmente, a la buena salud. Su acción consiste en conocer intuitivamente para curar o producir objetos. También puede concretizar la curación, por lo que podemos hallar a numerosos miembros de la tribu en actividades que consisten en curar a los otros, ya sean médicos, veterinarios, psicólogos o psicoterapeutas, kinesiterapeutas y masajistas, así como todo lo relacionado con las terapias alternativas.

El Saber es una de las palabras clave de la Mano. La Mano sabe porque es extremadamente curiosa, especialmente para el conocimiento del cuerpo físico y de las energías espirituales, y porque no le gusta controlar las cosas. La Mano quiere comprender de forma intuitiva. Profundamente entregada a los demás, sabe dejar de lado sus intereses personales para consagrarse a los otros. Su camino consiste en conciliar su poder personal con la humildad, la comprensión y el servicio a la comunidad.

Una Mano despierta y consciente de sí es un trabajador infatigable al servicio de la Humanidad, amante de la vida, generoso y con una inteligencia vivaz. Sabe crear y utilizar las herramientas necesarias para adaptarse a la realidad material, así como para hacer progresar a la vida. Trabaja mucho porque ya sabe que trabajar con intensidad haciendo lo mejor trabajo posible genera una renovación de sus fuerzas. Una Mano dormida puede ser un enfermo crónico y neurótico, un hipocondríaco que no cura a los demás y que no se ocupa de su propia curación. Por eso su energía se vuelve contra sí misma.

Si evitas tocar las cosas, sean las que sean, serás infeliz. Sin embargo, serás feliz si coges una cosa, la exploras, la utilizas y te sirves de ella. Presta atención a tus manos y deja que hagan lo que tengan ganas de hacer. ¿Quieren moldear la tierra, escribir, cuidar el jardín, crear objetos, hacer bricolaje, bailar o dar masajes? Los procesos particularmente creativos que se pueden manifestar a través de tus manos son los que están ligados a la curación.

La Mano nos ofrece el poder de realización y una tendencia natural a buscar la novedad. Aporta una obertura que nos permite recibir las herramientas espirituales necesarias para curar y para interactuar con los demás de una forma nueva. También posibilita superar los bloqueos y acceder al potencial individual, a las cualidades y a los dones. Hay talentos y dones que se hace preciso desarrollar, así como maneras siempre nuevas de encarar la vida. A cada uno de nosotros corresponde franquear las puertas que aparecen en nuestra vida.

Como reverso, este glifo puede tener dificultades para terminar las cosas o una tendencia a dejarlas para más tarde, ya que la Mano necesita sentirse a la altura de las cosas y ver los resultados concretos de sus esfuerzos.

Obsérvate para comprobar si resistes, si cedes, si te metes demasiada presión o si te diriges hacia demasiadas direcciones al mismo tiempo, o si te pierdes en las distracciones.

Ten confianza en tu potencial, en los dones que tan solo te piden que los expreses, incluso cuando no ves resultados a corto plazo. Encuentra satisfacciones en cada etapa de tu camino y completa lo que le falta a tu vida. Tienes todas las aptitudes necesarias para llevar a cabo tus deseos.

Tan solo debes atreverte a franquear la puerta que te conducirá a la concretización de tus aspiraciones y de tus deseos. Por eso puedes utilizar tus manos, tus competencias, tus talentos, tus conocimientos y tu intuición para vivir una relación armoniosa con el universo y, de ese modo, servir a los demás. ¡Recuerda que eres una herramienta al servicio de la vida!

8. VENUS O LA ESTRELLA O EL CONEJO

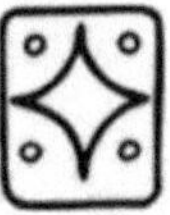

La estrella Venus aporta la sensibilidad a la belleza que existe en la naturaleza, en el caos aparente de las formas, de las manifestaciones y del orden de las cosas. Se manifiesta en toda forma de arte, a través de una sensibilidad artística y sensual, pero también por medio de una conciencia profunda del orden del mundo. La Estrella engendra el gozo, el placer y la armonía embelleciendo la realidad por la creación de formas en todas las direcciones. Permite disfrutar de los placeres físicos y espirituales. La Estrella invita a abandonar todo lo que se aleja del gozo, de la armonía y de la belleza para posibilitar la felicidad en la Tierra y hacer de la vida una obra de arte con sabiduría.

Luz de amor, la Estrella es la luz encarnada, el poder del amor que adquiere forma, de la belleza del plan cósmico y de la elegancia de la materia. Es la revelación de la armonía que une todas las cosas. Aporta una tendencia natural a la simplicidad y a la mesura, la capacidad a crear la armonía, una inteligencia relacional, un sentido ético y estético, y la posibilidad de sublimarlo todo en la belleza. Posibilita la reproducción y la multiplicación de todas las cosas para generar abundancia.

Por último, la Estrella aporta el toque de gracia y de belleza que hace que las cosas sean más preciosas. La creación se convierte en un arte y lleva la belleza al mundo. La Estrella permite embellecer, dar forma y conducir a las cosas a la perfección, así como culminar las creaciones para que se conviertan en obras de arte. La Estrella es la armonía interior y genera la armonía en el exterior. Atrae a la suerte. Puede proporcionar una facilidad natural para la escritura, la pintura, el arte, el baile, los masajes, la música, la arquitectura o la decoración y el diseño y, por supuesto, para permanecer conectado con las estrellas y los planetas.

Una Estrella dormida se siente frustrada e insatisfecha por no poder canalizar su energía creativa. Está demasiado centrada en sus deseos de placer, en los otros y no lo suficiente en sí misma en su corazón. El reverso de la Estrella es un perfeccionismo excesivo, una dificultad para tomarse en consideración de forma autónoma, así como una tendencia a la resistencia y una tendencia a no ocuparse suficientemente del desarrollo de su conciencia. No podemos ver las estrellas más que cuando hay suficiente oscuridad. Este glifo te aporta tu plan de alma, el plan de tu evolución y la visión de tu mayor potencial. Alimenta tu curiosidad y contémplate con una mayor perspectiva. Haz un salto de conciencia hacia una forma diferente de ver las cosas, de escucharlas y de Ser. Practica la armonía en tu cotidiano y conviértela en la esencia que te conduzca en la vida. Utiliza tu intuición, haz lo que te indique tu corazón y abandona las situaciones que limiten tu armonía interior.

¿Vives de una forma limitada, muy intelectualizada? Aprende a ser sencillo. Libérate de tus saberes, de tus muchos prejuicios, de tus juicios de valor y de tu tendencia a criticar. Sé consciente de tu capacidad a producir, de tus dones y talentos. Expresa de una manera simple todos los talentos y los dones que has elegido, conéctate a la plenitud de tu belleza y exterioriza la armonía que surge de tu interior poniendo en práctica en arte de sonreír et de crear relaciones armoniosas.

Este glifo nos pide que no busquemos la perfección y que no la esperemos en todas las cosas, en nosotros mismos o en los demás. Nos reclama que dejemos ser lo existente y posibilitar que las cosas sean fluidas. Cada cosa que llega a su término es perfecta. Cada cosa tiene su razón de ser y forma parte del plan cósmico, incluso cuando nuestros ojos no lo perciben de ese modo. Existen diferentes planes de consciencia y de existencia, así como diferentes maneras de concebir una misma situación. Tal vez pienses que solo existe un camino correcto… ¡pero no es así!

Recuerda que cada Maestro dispone de una parte del puzle, pero que nadie tiene las respuestas que necesitas. De ti depende integrar todo lo que aprendes.

Debes abrirte a la verdad en todas las enseñanzas para poder disponer de tu propio camino... ¡para encontrar toda tu sabiduría y tu propia verdad! Todo ello puede desembocar en un crecimiento acelerado de tu verdad profunda. ¡Y de ahí nace precisamente la belleza interior!

Compórtate acorde al amor para dejar de lado la desarmonía que pueda haber en tu vida, y sincronízate con la armonía universal para encarnar la Gracia, así como para dispensarla alrededor tuyo. Sé autónomo y utiliza tu natural inteligencia relacional para adaptarte a cualquier situación dada.

Has elegido este glifo para poder descubrir y practicar la armonía en todos los aspectos de tu vida, así como para equilibrar y armonizar todo lo que te rodea.

9. LA LUNA

Vinculada a la fluidez natural de la vida, la Luna representa la purificación del cuerpo emocional merced al movimiento del agua y al trabajo sobre las emociones. Ofrece el agua a la Tierra y el alimento a los humanos, la emoción, la sensibilidad y la imaginación. Permite pasar del malestar al bienestar, y perpetúa la vida gracias a una inteligencia emocional generadora de fluidez, así como a la capacidad de renovarse. Representa, del mismo modo, el pago de lo que los humanos le deben a la vida al cuidar de sí mismos y de los demás.

La Luna es el agua universal, el poder de purificar el agua y la energía fluida de la vida. Es los mares, los ríos, el agua en el cuerpo, las lágrimas y el sudor. Toda la vida precisa del agua. Las emociones son como el agua, y la Luna es la reina de las emociones. Permite canalizar las corrientes emocionales. Aporta la fuerza de la emoción, el equilibrio, la adaptabilidad y la armonía colectiva.

El agua estancada deviene contaminada. Algunas emociones reprimidas también pueden contaminar tu cuerpo y tu alma. Deja que las cosas sean lo que deben ser y observa las emociones sin juicios de valor. Trabaja con el agua, en la piscina, en la sauna, en el mar, y bebe mucha agua.

Puedes filtrar su agua y aprender à informarla con palabras positivas, símbolos y sonidos para que sea feliz. Aprende a gestionar tus emociones y aliméntalas de emociones positivas. Cuando la energía circula en ti de forma fluida, puedes sentir fácilmente tu camino a través de las personas y de las situaciones. Tienes el don de ver y de sentir cómo son las cosas. Tienes una viva inteligencia intuitiva. Sabes lo que es verdadero y lo que es falso, y eres como una antena que recibe las palabras silenciadas. Merced a tu dominio de las emociones, eres el inspirador de la creatividad y del deseo. Una Luna dormida puede ser como un bloque de hielo o, al contrario, como un *tsunami* emocional. Puede ser depresiva, apática, encerrada en une burbuja y en falta de motivación. El agua nos invita a purificarnos y a ayudar a los demás a purificarse. Nos hace muy sensibles a la limpieza. Nos convierte en un ser encantador, puro, cándido e inocente. Tu misión es la purificación de todo tu Ser y, en particular, del plano emocional. También ayuda a los demás a purificarse, a desencadenar la creatividad y a experimentar una liberación emocional. Finalmente, al igual que la gota de agua en el océano, es proclive a participar en la vida de la colectividad para que ésta se perpetúe. La Luna es un receptáculo de la conciencia cósmica. Escuchando tu sensibilidad, puedes ser cada vez más receptivo a los signos de la vida. Dichos signos están ahí para tu crecimiento, y te permiten ver más claro a lo largo de tu trayectoria.

No olvides tus sueños de la infancia, tus colores preferidos, tus héroes y heroínas. Báñate en las aguas del recuerdo, ya que el recuerdo permite el acceso a tu verdadera esencia divina. La Luna te reclama que seas un observador, y que permanezcas vigilante en lo relativo a los símbolos mágicos que te guían. Confía en tus intuiciones y en tus sueños, en los colores, en los sonidos y en los aromas que pueden indicarte las respuestas que andas buscando. Conviértete en un intérprete y decodifica de forma clara tus percepciones para que puedas comprenderlas con nitidez. A medida que abras la puerta del recuerdo de lo que eres, de tu verdad profunda, recibirás la inspiración y la guía divina. Entonces podrás permanecer a la escucha de tus verdaderos deseos, así como de los de los demás. No te compadezcas de ti mismo, no veles tu luz. No te auto–critiques. Esa tendencia puede provenir de tu infancia, en la que te sentiste herido. Trata de curar tus bloqueos y tus heridas para que la luz de lo eterno femenino brille en ti libremente. Abandona el incesante diálogo interior, mírate en el espejo y permite que tus relaciones te ayuden a expandirte. Sé consciente de tu valor. No ejerzas el papel de víctima y deja que tus emociones salgan de ti guiadas por el amor, para que tu luz y magnificencia se vean reflejadas. Arranca el velo del olvido, sé un guía de la consciencia, de la purificación y del conocimiento intuitivo. Uniéndote a los otros sentirás el valor necesario para convertirte en tu expresión más acabada.

10. EL PERRO

Capaz de reconocer el valor y el mérito con fidelidad y lealtad, el Perro abre su corazón al mundo para encontrar un compañero con quien compartirlo. Aporta el sentimiento de pertenencia y el instinto gregario. Siempre disponible para expresar sus sentimientos y para amar, también comparte la energía del sentimiento del amor con la condición de que exista un intercambio equilibrado y una buena calidad relacional. Crea vínculos y manifiesta una autoridad tanto material como espiritual. Representa, por último, la creación y la aplicación de la ley.

El Perro es el principio del vínculo emocional que permite la colaboración y el trabajo en equipo. Vehicula la emoción y el amor creando sentimientos. Es el poder del corazón, del amor incondicional en toda su diversidad, del don y del saber recibir. Es el poder de compartir, de la confianza y de la lealtad. Es el guardián de los seres queridos que él mismo protege. También representa la autoridad y la ley. El Perro nos permite conectarnos íntimamente a los otros en el amor, así como crear bellas relaciones, ya sea en amistad, en amor o para fundar una familia.

El Perro es además el poder de guiar a los demás y de indicar el camino que se ha de seguir. ¿Quién es nuestro guía? ¿Quién es bueno para nosotros? ¿Rechazamos las cosas que llegan a nuestra vida para evitar confrontaciones? ¿Quién hace cantar a nuestro corazón? Todas éstas son preguntas importantes para el Perro. Las personas de este tipo se sienten realizadas amando y dándose a la vida. Son, por naturaleza, valientes, audaces, calurosas, fieles y leales. Son juguetonas y saben aprovechar las cosas buenas de la vida. Prefieren trabajar en pareja, en equipo o en un grupo más que hacerlo en solitario.

Si están despiertas, siempre desarrollan una voluntad de crear alegría y aprenden a vivir en un estado de alegría. Reconocen el poder del amor, se dejan incendiar por el amor y expresan la fuerza del amor en sus vidas cotidianas. Son muy conscientes de sí mismas y de ser como hechas de amor. Sienten y expresan el amor verdadero e incondicional, y son, antes de nada, fieles y leales a sus seres interiores. Deben focalizar su trabajo en sí mismas e ir más allá de las emociones que limitan su conexión espiritual.

Necesitan la variedad en sus vidas, en el trabajo en equipo. Son buenos líderes y saben imponerse. Pueden llevar a cabo grandes cosas si encuentran una misión que les convenga en sus vidas, aunque no esté en el origen de la obra o de la causa en la que se impliquen, y ése será su gran desafío. ¿Has encontrado tu misión? Un Perro dormido no se ama, no tiene alegría, sufre de celos y de envidia y no es fiel a su ser interior divino que surge del amor incondicional. Puede estar obsesionado por sus seres amados o sentir demasiado apego hacia ellos cuando no encuentra una abertura espiritual. Este glifo nos propone prestar atención a las personas con las que nos cruzamos en nuestro destino. Dichas personas aparecen en nuestra vida para aportarnos enseñanzas, revelándonos pequeñas partes de nosotros mismos. Examina tus relaciones con tus amigos, con tu pareja, tus relaciones sociales y grupales, y después descubre el aprendizaje que proporcionan a tu vida. Quizás estas aquí para cuidar, con fidelidad y lealtad que son formas del amor, una persona que necesita tu ayuda.

Cuanto más expreses de manera auténtica quién eres en verdad, más atraerás a tu verdadera familia del alma, a tus compañeros de destino. Cuanto más prestas atención à tus sueños y cuanto más les nutres y mas puedes ser realizados. Presta atención a las pautas de comportamiento que se repiten de forma obsesiva, ya que el Perro te ofrece la posibilidad de ser un testigo privilegiado de tu interior en lugar de caer, en cada momento, en reacciones emocionales que tienen siempre las mismas consecuencias. ¡Aprende a ver de forma desapasionada tu drama emocional! ¡Libérate de tus experiencias pasadas y de las emociones que llevan asociadas! Encuentra las enseñanzas que revelan las raíces que provocan los acontecimientos de los que no te puedes distanciar, y después ábrete a la comprensión de por qué la vida te envía a cada uno de los seres que se cruzan en tu camino.

El hecho de desplazarte, de explorar nuevos llugares y de variar tus relaciones te proporcionará un gran sentimiento de libertad. Todas las emociones negativas fuertes suelen provenir de heridas y de experiencias no resueltas. Acepta lo que ya ha sido, intenta ver la verdad como algo que no podía ser de otra manera y perdona gracias al amor incondicional que anida en tu interior. Los reencuentros se producen para aportarte enseñanzas. No hay víctimas, y ha llegado el momento de curar las heridas para dejar sitio a nuevas emociones y percepciones. Entonces podrás vincularte a tu guía interior, a un aliado fiel que te guiará a lo largo de tu vida y especialmente durante experiencias iniciáticas. Así te convertirás en el dueño de tu vida, de la relación amorosa, del sentimiento y de la emoción, y serás un mensajero de la alegría natural y del amor incondicional en la Tierra. Entonces podrás guiar a los demás sobre el camino del amor y estar al servicio de la vida.

11. EL MONO O EL ARTESANO

El Mono es el tejedor del tiempo, de la fuerza que disuelve las ilusiones generadas por la dimensión mental de los individuos entre lo que ha sido y lo que será. Encarna al niño interior siempre dispuesto a divertirse, la imprevisibilidad, la inocencia, la inteligencia y la espontaneidad. Se expresa por medio de un pensamiento a la vez artístico, práctico y comercial, así como por el juego, la curiosidad, el humor, el movimiento y el servicio, aportando sonrisas y alegría allá donde vaya. También tiene una gran facilidad para transmitir sus saberes de forma lúdica. Muy dotado para ponerse máscaras y para quitárselas, tiene vínculos con el camaleón y sabe crear la magia del instante suscitando la admiración.

Para los mayas el Mono era el tejedor del tiempo, apto para manipular numerosos hilos al mismo tiempo y mezclar nuevas ideas, nuevos conceptos y nuevas invenciones en la tela de la realidad, todo ello para cambiar nuestras vidas con los productos de su inocente, insaciable y traviesa curiosidad. El Mono es el poder del humor, del juego y de los múltiples talentos y aptitudes.

Aporta el poder de la magia de cada instante gracias a la espontaneidad, a la unión con todas las cosas y a la capacidad de improvisar.
Tiene el don de permitirse jugar, de aprovechar la vida y de conectarse en todo momento con la magia de cada situación. Abandona la ilusión del ego y dale la bienvenida a todo lo que la vida te aporta, sea lo que sea. Gracias a tu encanto natural, a tu sentido del humor y del juego, proporcionas alegría a tu entorno.

El Mono es también el poder de la inteligencia técnica e ingeniosa, de la habilidad, de la agilidad y del don del comercio. Un Mono despierto, consciente de sí mismo, es como un niño que descansa en la verdad de las cosas. Ya sabe que la inteligencia y el espíritu son distintos. Utiliza su inteligencia eficazmente, dándose cuenta que es una herramienta maravillosa pero que no sustituirá nunca la experiencia o a la consciencia y sabe así ponerla en silencio cuando no tiene ningún derecho a exprimirse.
Disfruta de la vida en cada instante con total inocencia utilizando el juego, la risa y la agilidad, y puede ver la esencia y la magia de cada persona.

Es capaz de hacer múltiples cosas y está muy dotado para los intercambios comerciales, para las actividades artísticas y para encontrar astutas soluciones técnicas a toda dificultad.

Un Mono dormido no se permite nada y no sabe concentrarse durante mucho tiempo en un mismo tema, lo que le impide profundizar en él. Siempre está pensando, olvida la consciencia en silencio y confunde su inteligencia con Dios. Se dispersa en múltiples direcciones, tiene tendencia a errar, no sabe aprovechar la vida ni gozar de las cosas, atrae sin cesar la atención de los demás con sus caprichos y nimiedades, y se convierte en una persona triste.

Este glifo te pide que digas la verdad, que dejes a la risa llenar tu vida y que permitas expresarse al niño que vive en ti. El Mono te invita a expresarte de forma espontánea e imprevisible, observando lo que se libera con esta actitud, teniendo en cuenta que lo divertido puede llegar a tu vida en cada instante y transformarlo todo a su paso. El resultado puede ser un poco inseguro o caótico, pero recuerda que la perfección existe en todo, y que, a medida que caen las barreras en tu interior, aparece tu verdadera esencia divina.

Vive tus sueños, siéntelo todo como si fuera gozoso y divertido, camina por el sendero de la inocencia perdida, aléjate de tus preocupaciones y reclama tu integridad. Reclama, igualmente, la confianza en la vida que reside en tu corazón. Recuerda que en tanto Niño de la Fuente, del Creador del Todo, no tienes más que testimoniar e incorporar en ti la simple presencia del amor incondicional. El Mono te pide que analices al niño interior que pudo sentirse herido por las obligaciones sociales o por los padres. Averigua si has desarrollado esquemas defensivos o reacciones emocionales agresivas para protegerte y para curar a tu niño interior. Expresa lo que surge en ti en cada instante presente sabiendo que las etapas siguientes aparecerán por sí mismas.

¡Utiliza tu inteligencia para aprender y para ayudar los otros a aprender! ¡Sé vulnerable y auténtico! ¡Acepta los acontecimientos de tu vida con buen humor! ¡Di tu verdad con el corazón! ¡Deja que tu niño interior se exprese con alegría, y prepárate a lograr resultados mágicos! ¡Recuerda que la risa y el humor son potentes curadores! Puedes así desarrollar una sabiduría basada en el conocimiento de la vida.

12. EL HUMANO O LA MANDÍBULA O EL CAMINO O LA HIERBA

Dotado de una gran inteligencia tecnológica o psicológica, el Humano sabe crear vínculos, apelar a las redes y utilizar sus riquezas para hallar soluciones, para ayudar à la gente y para generar progreso, con el objeto de guiar a los humanos para que puedan vivir libres y felices. Acepta su humanidad y construye su propio camino hacia la libertad. Se diferencia de los otros glifos por su libre arbitrio, un sabio uso de su libre voluntad y una capacidad a tomar decisiones inteligentes que tienen en consideración la libertad y la evolución de los demás. Vinculado a su fuente creadora, puede tomar decisiones que le permiten, a la vez, una adaptación a su entorno y una gestión inteligente de los recursos y también una sanación.

El Humano es el hijo del Creador. Es el depositario de la inteligencia cósmica, recipiente de la entidad mental superior y fuente de progreso. El Humano tiene el privilegio de poder elegir y de utilizar su libre arbitrio, su libre voluntad, así como de ser un intermediario entre el cielo y la tierra.

La persona que ejerce su libre voluntad con sabiduría es receptora de la voluntad divina, y puede aconsejar e influir a los demás ayudándoles a madurar y a crecer, abriendo caminos hacia un futuro mejor.
El Humano nos permite ser un vehículo al servicio de la inteligencia cósmica siempre en progreso, así como ayudar a los hombres en sus caminos de vida. Así realizarás tu propio destino.

Las personas así son conscientes de sus actos para ejercer su libre voluntad. Deben asimilar el conocimiento y la experiencia uniendo el amor y la emoción, ya que, en caso contrario, devienen excesivamente mentales y se emborrachan con sus propios pensamientos. Deben aprender que la sabiduría concilia el conocimiento y el amor y que la verdad se encuentra en el silencio y en el corazón. Se sienten muy concernidas por el grupo, la comunidad, la Humanidad, así como por las generaciones futuras. A menudo encuentran el sentido de sus vidas obrando por el bienestar de la Humanidad. Pueden amar y ayudar a las personas desamparadas, a los pobres, a los enfermos o a los ancianos. Son sencillas, modestas y discretas, indiferentes a la fama y al reconocimiento público. Tienen la conciencia de ser intermediarios entre la vida y la gente.

Si permanecen dormidas, pueden estar dotadas para aconsejar a los demás, pero no saben qué hacer con su propia vida ni cómo realizar las cosas por medio de su voluntad. Esto puede atraer situaciones de dependencia, de adición y de embriaguez. Cuando el Humano se preocupa por falta de dinero, de apoyo o de amor, es síntoma de que se auto-limita porque no ha rendido cuentas con su pasado, porque nutre un sentimiento de superioridad o inferioridad y porque sus heridas no están aun curadas.

Para sobrepasar tus límites y compartir con el resto de la Humanidad, este glifo te pide cuidar un cuerpo físico sano y vigoroso para que pueda recibir y hacer vivir las energías de la inteligencia superior. Esa expresión de la inteligencia superior te permite optar entre ayudar o no hacerlo, entre hablar o permanecer en silencio, entre elegir la luz o la oscuridad, entre ser guiado por el caos o por la inteligencia cósmica.

El Humano siente el temor de ser influenciado y de influenciar. ¿Cuáles son tus decisiones? ¿En función de qué las tomas? ¿Quién te influencia, y cómo? ¿A quién influencias, y cómo? ¿Dejas a los demás la toma de decisiones por indiferencia o por amor? ¿Sabes tomar tus propias decisiones y permites a los demás tomar las suyas para ejercer una influencia en concordancia con la voluntad cósmica? El Humano nos permite entrar en resonancia, vibrar a una determinada frecuencia y hacer vibrar nuestro entorno a esa misma frecuencia. De ese modo, también podemos ejercer una influencia silenciosa.

Has recibido un cuerno de abundancia cósmica que te permite ser libre y feliz. Vacíalo para poder llenarlo de nuevo y para que se active la consciencia en expansión. Tus circuitos están preparados para la transformación a través de la activación de los dones del Espíritu. ¡Abre tu corazón para recibir los! ¡Deshazte de tus programas, de tus rencores, de tus horarios y de la dimensión mental! Haz honor a tu cuerpo como el cáliz sagrado de tu esencia divina y utilízalo para experimentar frecuencias más elevadas. Este glifo atrae la energía, la claridad de conciencia, la inteligencia técnica, la capacidad de manejar proyectos y sistemas de información, el deseo de ayudar y la fuerza de armonía para que te conviertas en un ser humano con pleno potencial y para que pones tus dones al servicio de la evolución y de la curación de la humanidad.

Acepta que tu forma humana es un cáliz de las galaxias en órbita. Eres el único que puede llenar tu cuerno de la abundancia. Descubre lo que te alimenta y lo que te aporta alegría. No subestimes ni sobrestimes la fuerza de tu dimensión mental, pero haz de ella un amigo y un fiel servidor a tu causa. La meditación te permite poner tu dimensión mental en su justo lugar propiciando el vacío, permitiendo que la luz y la inspiración invadan tu Ser.

Transfórmate en un ser autosuficiente que va en busca de lo que le provoca placer y de lo que le hace feliz. En consecuencia, sé un intermediario entre los hombres y las fuerzas del progreso cósmico. Poniéndote al servicio de los demás y de la vida... ¡descubrirás tu verdad profunda!

13. EL JUNCO O EL CAMINANTE DEL CIELO O EL EXPLORADOR

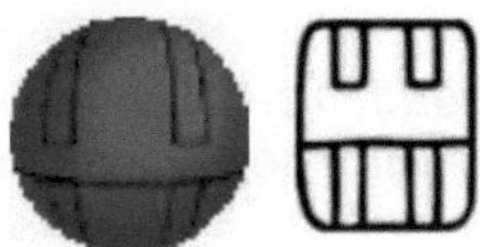

Consciente de la circulación de energías que se producen en su interior, del reencuentro en su corazón de la energía roja de la Tierra y de la energía blanca del Cielo, el Junco utiliza su poder para explorar con pasión nuevos territorios y ocupar su lugar en el espacio. En constante movimiento, se adapta al mundo exterior y al entorno, encontrando un equilibrio entre rigidez y flexibilidad.

Aporta un ensanchamiento de los horizontes y de la consciencia, tanto en el interior como en el exterior. Tiene conciencia de la unidad y del sentido de todo lo que es. Permite investigar, integrar los sistemas de información que hay en su espacio, despertar a los demás al compartir enseñanzas y a viajar.

El Caminante del Cielo es el poder de explorar y de conquistar el espacio, tu espacio interior así como el espacio exterior. Es capaz de saber todo lo que ocurre en su entorno y de ocupar su lugar. Se da cuenta de las cosas antes que los demás. Es quien reúne a la Tierra y al Cielo alineando sus energías para poder canalizarlas para exprimir lo que le da pasión. Sabe romper las barreras, las estructuras y los prejuicios para explorar nuevos caminos. Es un explorador que necesita sentirse libre por naturaleza y espacio suficiente para vivir y expresarse. Le gusta permanecer al aire libre y viajar. Impulsado por un fuego interior, es fácilmente obstinado y lucha por sus principios siendo, a la vez y paradójicamente, muy abierto de espíritu. Es muy emotivo y está enamorado de la paz y de la armonía. Además, siempre está buscando, y se siente preparado para explorar nuevos territorios interiores o exteriores.

Un Caminante dormido sufre en su encierro por esquemas ancestrales repetitivas. Se queda o demasiado rígido o demasiado flexible y inestable. Cae fácilmente en la depresión y en esquemas de huida si no supera sus límites. Un Caminante despierto explora su espacio interior y ayuda a los demás a explorar el suyo.
En este glifo encontramos a numerosas personas vinculadas a través del placer de viajar, del extranjero, así como a numerosos terapeutas del alma.

El Caminante del Cielo te pide que estés atento a la manera en la que te relacionas con el mundo y con el espacio. Las viejas referencias están cambiando. Permanece abierto a las oportunidades con lo que falta de solidez, cimentación y flexibilidad. Ten el coraje de tomar riesgos. A medida que creces encontrarás en ti zonas desconocidas.

Aprende a explorar lo desconocido, ya que en dichos lugares, aparentemente misteriosos, cada cambio de punto de vista, de visión, puede originar un salto cuántico en tu consciencia y acercarte de lo que buscas verdaderamente, le libertad.

De ese modo podrás descubrir los reinos de los viajes inter–dimensionales, las migraciones del cuerpo o los viajes astrales. Transforma tus puntos de referencia para convertirse en un viajante del tiempo y del espacio. Los extremos de tu crecimiento son los que tienen la mayor magia, ya que explorando dichos extremos desarrollarás la compasión por los demás que, como tú mismo, experimentan la materia para perfeccionar su evolución.

¿Qué sientes con la idea de desplazarte hacia lo desconocido sin garantía alguna? El Caminante te solicita que explores lo que te parece ser un territorio desconocido, lo que te apasiona y lo que te suscita miedo, en el que tus puntos de referencia devienen fluidos. Esa parte del viaje es como flotar en el espacio sin las restricciones de la gravedad. Al principio puede parecerte extraño, pero a medida que te habitúas el misterio se vuelve emocionante, la valentía surge en ti de forma natural para afrontar cada desafío y cada experiencia.

Recuerda que tu realidad se mantiene únicamente como consecuencia de tus creencias y de los esquemas internos que consideras puntos de referencia fijos. Cuando dichos puntos de referencia cambian, tu realidad encaja de otra manera. Si te sientes unido a tu ser, en lo que te nutre y te apoya y si estás conectado a la Fuente, entonces dispones del hilo conductor que te guiará y te protegerá, sea cual sea tu destino. A partir de ese principio podrás explorar los nuevos misterios y moverte con total libertad. Contempla tu camino como un viaje sagrado.

Accede a tu coraje y siente tu camino en cada dificultad. Dispones de una reserva de fuerza y de valentía sin límite para explorar lo desconocido.

Una de las sombras de este glifo es la tendencia a retirarse del mundo, como un ermitaño, en respuesta a los acontecimientos de la vida, o para llevar a cabo una misión oculta. ¿Puedes pasar una buena parte de tu tiempo en soledad, meditando, o realizando actividades artísticas, buscando la fantasía? ¿Tienes dificultades para gestionar las labores cotidianas de la vida terrenal y una tendencia a huir tus memorias y la presencia en tu cuerpo? Todo ello es perfectamente normal cuando has sido tocado por frecuencias en expansión.

El contraste entre la luz espiritual y la realidad material cotidiana te puede incitar a replegarte sobre ti mismo, en lugar de ir hacia adelante. La solución consiste en darte cuenta que tu alma crece con la vida y la acción en el mundo, cuando utilizas tus capacidades, que florece por silencio y meditación y que necesita los dos. La solución consiste entonces en crear un equilibrio entre tus necesidades espirituales y tus deberes terrenales cotidianos, llenándote cada vez más de luz e irradiándola alrededor tuyo, aportando al mundo más compasión.

Si te sientes aislado, comparte tu luz por medio del servicio a los demás. Explora las etapas de tu crecimiento suscitando cambios y liberándote de tus memorias pasadas. Dirige la luz de la valentía y de la compasión hacia ti mismo e irrádiala en dirección a los demás. Eres el pilar invisible que aporta el Paraíso a la Tierra gracias a une justa combinación de movimiento, de flexibilidad, de cimentación y de rigidez. En consecuencia, sé libre y feliz, y haz a los demás libres y felices.

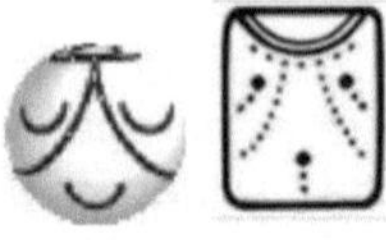

Tras haber desarrollado una visión multidimensional en la oscuridad —la visión interior, la inteligencia del corazón y la conciencia de la eternidad, tanto al nivel del tiempo como del espacio—, el Jaguar ejerce un encantamiento sobre la realidad expresando la magia del amor de la vida en el eterno instante presente. Se adapta y se desplaza discreta y libremente en las planicies, los bosques y las montañas. Centra su atención y expresa su poder personal en metas justas para servir a la humanidad.

El Mago o el Hechicero es él quien encarna la fuerza de la naturaleza, quien domina las energías sutiles, quien conoce las leyes universales y quien encanta por medio de su magia. Es el éxito de los poderes mágicos que resultan de un gran poder de observación, de un control de la atención, del conocimiento, de la intuición, del amor, de la sabiduría, de la fe, de la conexión con la Fuente de toda energía y de la capacidad a fluir totalmente en harmonía con los alrededores. Es lo sagrado en acción.

Las personas que se hallan bajo este glifo tienen la habilidad necesaria para seducir a su público. Tienen magnetismo, carisma, fuerza de carácter, una gran integridad, una viva inteligencia, una clarividencia pertinente, la visión en la noche, así como un sentido de los valores y de las prioridades. Saben vivir en el instante presente y actuar cuando es el momento preciso. Muy secretas y un poco místicas, dichas personas son difíciles de abordar y de comprender. Sus relaciones suelen ser complicadas, ya que pueden aparecer como desaparecer rápidamente. No suelen entregarse a los demás.

Si están dormidas utilizan sus cualidades para sus fines personales, y su estrechez de miras no les permite explorar caminos espirituales de vida alternativa ni cambiar su visión de las cosas. Si se vinculan a la espiritualidad pueden convertirse en verdaderos magos blancos con objetivos nobles, impersonales y atemporales. También pueden canalizar su seducción hacia el arte, el teatro, la danza, el deporte y hacia todas las actividades que precisen el uso de la inteligencia del cuerpo. Su desafío en la vida es abrirse a los demás y crear vínculos. Los mayas asocian este glifo al jaguar, guardián de la selva, de las planicies y de las montañas.

Simboliza la fuerza, el poder, la flexibilidad, la movilidad, el sentido del equilibrio, la capacidad de acechar su presa, un sentido de observación siempre alerta y una cierta dosis de soledad.

Con este glifo dispones de la magia que circula alrededor tuyo. Has elegido ser un mago de la luz, el Jaguar que ve. Este signo te ofrece el regalo de la iniciación a las verdades espirituales.

Nos invita a ensanchar nuestra visión para expresar la magia en nuestra vida cotidiana, a hacer un uso benéfico de nuestra voluntad, siendo a la vez humildes. Nos predispone a alinearnos con lo divino y a buscar respuestas en el fondo de nosotros mismos, y no en el exterior.

A través de la mirada de la integridad, examina tus actos, tus motivaciones y la utilización que haces del poder mental. A través del corazón, dirige y alinea tus intenciones. Aprende a pensar y a actuar con tu corazón y muévete en la divina inocencia como el canal más elevado de la magia. Asume tu poder... ¡y ponlo al servicio de la vida!

¿Tal vez utilizas tu poder para obtener la aprobación y el reconocimiento de los demás, o para obtener un estatus concreto? Sé transparente e inocente, desarrolla tus ganas de crear, abre tu corazón al conocimiento y supera tus límites. Reconoce tu propio valor y sé una ventana a través de la cual pasa la luz. Entonces obtendrás la aprobación y el reconocimiento de la vida. Cuando te alineas con lo que te aporta alegría te permites a ti mismo expresar tu belleza y tu poder de actuar con integridad como Ser en la Verdad. Entonces tu energía se expresa naturalmente para incluir más de lo que eres. ¡Todo lo que haces a partir de ese momento logra tener éxito!

Penetra en la luz de la verdadera magia, que se basa en el conocimiento a través del corazón. Utiliza tu voluntad para seguir el camino que te indica tu corazón. Ábrete a la posibilidad de que tu vida sea mágica y repleta de milagros. Desarrolla una clara conexión entre tu personalidad y tu espacio divino. Alinéate con la voluntad divina y produce milagros en tu vida y en la de los demás.

Con los dones del Mago podrás vivir una vida auténtica que se corresponda con tus verdaderos deseos... ¡y lograr que los demás hagan lo mismo!

15. EL ÁGUILA

Mensajero de la consciencia capaz de volar muy alto en el cielo, de tomar distancia y tener una visión penetrante, a la vez global y precisa, sobre la realidad en todos sus planos, el Águila pone su poder al servicio de la vida para elevar el estado de conciencia o el estado vibratorio y para generar abundancia. Sabe posicionarse para tener la visión justa, y percibir tanto las formas exteriores, el movimiento de las cosas, las trayectorias de la gente como las intenciones ocultas y todo lo que es invisible. También puede, ajustando su visión, arrojar luz sobre cualquier situación y alcanzar sus objetivos por su poder, su rapidez y su precisión.

El Águila representa un modelo de fuerza y de poder divino puesto al servicio de un mundo mejor que aporta esperanza y fe en la vida. Es un intermediario entre el Cielo y la Tierra. Sus garras son armas de las que se sirve para tomar lo que debe ser tomado. Sus ojos le confieren la visión. Es capaz de anticiparse a los hechos gracias a su visión, y no se le escapa ningún detalle.

El Águila es el poder de elevación, de ascender más allá del nivel terrenal, de navegar fuera del cuerpo, de mirar hacia abajo con sabiduría y actuar en función de cómo te gustaría que fuera el mundo, de un ideal, de una visión y de una consciencia superior, permitiendo así crear un mundo mejor. Es quien puede supervisar y orientar los destinos de los hombres aportando abundancia a su propia vida.

Si estás bajo el signo del Águila estás dotado de una inteligencia superior, de un fuerte poder personal y del don de ver. Así, eres capaz de distinguir entre los caminos de piedra que conducen hacia la luz y los caminos que conducen hacia arenas movedizas. Eres capaz de distinguir entre formas de vidas invisibles que intentan captivar la atención, influenciar, chupar energía, controlar y los verdaderos guías que ofrecen inspiraciones silenciosas, una total libertad de actuar y que respetan completamente tu libre albedrío. Todo esto te hace responsable. Las responsabilidades te hacen crecer. Si huyes de tus responsabilidades el Águila te perseguirá y te tomará con sus garras para recordarte que te han investido de un poder del que debes servirte.

El Águila te pide que vueles junto a él, que te eleves en el aire de la consciencia y que tengas siempre en cuenta que eres un hijo del Creador. Te pide que contemples tu vida y te preguntes dónde estás, dónde quieres ir, dónde están los demás y hacia dónde quieren dirigirse.

Toma distancia, observa bien y, si es necesario, cambia de visión o de dirección, o conserva tu rumbo, y después ayuda a los demás a hacer lo mismo. Cuando las personas de este signo están despiertas se realizan creando una empresa o una tienda. Plasman la información que reciben y son independientes, ambiciosas, críticas y exigentes.

Si están dormidas tienen muchos proyectos a nivel mental, pero permanecen siempre en la teoría, sin concretar nada, o bien tienen ambiciones que van más allá de sus medios. Quedan colgadas a las memorias de sus antepasados o a sus miedos o quedan focalizadas en el aspecto negativo de las cosas y en sus luchas interiores.

La misión de las personas bajo este signo es crear la conciencia planetaria, comenzando por hacer evolucionar su propia consciencia para que entre en resonancia con la consciencia divina. Esto necesita un cambio personal profundo y la capacidad de ver las intenciones positivas detrás de cualquier comportamiento o acción negativa.

Este glifo te permite ser la consciencia consciente de sí misma y aportar a los demás la esperanza de que sus sueños más preciados acaben realizándose.

También te proporciona la energía de poder creer en ti mismo, así como en tus sueños y visiones, sin preocuparte por la opinión de los demás. Tienes la visión del Águila, y por eso puedes bailar con alegría en el manto de luz y de sonido que surge del cristal luminoso que habita en el centro de tu corazón.

Eres una parte de la familia global y, por lo tanto, debes cumplir con tu parte, esto es, un camino de servicio a través de las semillas que plantas por aquí y por allá. Este glifo te recuerda que eres un servidor planetario. Tu tarea incluye todo lo que hace evolucionar en la evolución global de las mentalidades. Eres un despertador de consciencias, un dador de luz, un transformador que tiene una visión global, siempre con compasión, y que toma decisiones a la luz de la consciencia global.

Pregúntate cómo puedes sentir la compasión por ti mismo, por tu Tierra y por los demás. Pregúntate por lo que te guía hacia ciertos tipos de trabajo, de relaciones, de lugares de residencia, que te orientan hacia proyectos que puedan ayudar a la Tierra y a las criaturas que habitan en ella.

Permite que se expanda tu espíritu. Vuela con tus alas desplegadas y busca siempre la perspectiva planetaria. Tú, que ves el mundo a través de los ojos del Águila, has venido para aportar cosas hermosas a la Tierra, y hay un proyecto que debes llevar a cabo, elevándote hacia dar el mejor de ti mismo. Observa bien las sincronicidades para encontrar las llaves de tu destino, cree en tus visiones y actúa. Vive sabiendo que todos nosotros somos uno, como los miembros de una familia, y que cuando una persona se cura los demás se benefician de ello.

Por último, aprende a equilibrar tu sentido del servicio con una buena alimentación en todos los planos. Sigue tus visiones y recuerda siempre el proyecto que has venido a cumplir desde la matriz divina.
Así podrás acceder a la trascendencia y a testimoniar, por medio de tu visión, tu corazón y tu servicio, la presencia del amor encarnado en la Tierra.

16. EL GUERRERO SABIO O EL BUITRE O EL CÓNDOR O EL BÚHO O LA ABEJA

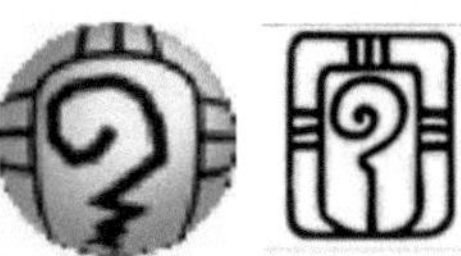

Observando las estructuras internas con sabiduría, integrando las enseñanzas de los ancestros liberándose de los errores y de la prisión de lo mental, planteando buenas preguntas, perdonando y expresando las palabras sagradas, el Guerrero puede observar intensivamente, contemplar, vincularse al cielo, recibir y compartir inspiraciones repentinas, desarrollar una inteligencia penetrante, tomar conciencia de su pertenencia a la humanidad y luchar con valentía e intrepidez para vivir su verdad profunda y dotarse de la sabiduría en una causa o una empresa.

El Guerrero es la fuerza interior que se renueva constantemente. Es el poder del coraje y de la inteligencia intuitiva en acción. Tiene el poder de ir por delante en las situaciones difíciles y de defender su verdad. El Guerrero cuestiona y busca las llaves de su crecimiento. Recibe la sabiduría planteando las preguntas pertinentes para acrecentar su conexión con la consciencia galáctica.

Puede cuestionarlo todo sin miedo alguno. Es la inteligencia humana y la capacidad para contactar con la consciencia galáctica, el lugar del origen primordial. Tiene consciencia y motivaciones, y actúa según sus convicciones. Quien sabe escuchar recibe la sabiduría. Tiene una profunda conciencia de la esencia de todas las cosas y del orden natural del mundo.
El Guerrero actúa con sabiduría. Cuando sabe reconocer sus errores, obtiene resultados y encuentra el equilibrio. Es metódico, valiente y disciplinado. Como está vinculado a su propio corazón, lucha por las causas vinculadas con el corazón universal de la vida, y defiende valerosamente su familia y su comunidad. Funciona con certitudes emocionales interiores, y siente cuándo algo tiene visos de verdad.
El Guerrero es también la fuerza de una causa. Se fija objetivos, un ideal, lucha y obtiene la victoria. Un Guerrero dormido tiene miedo, no se plantea pregunta alguna, es sumiso a su entorno, gira en torno o se pelea sin cesar por cosas materiales o fútiles.

Un Guerrero despierto lucha para progresar en el camino espiritual, para proteger y ayudar a sus semejantes a progresar espiritualmente. Se convierte en un verdadero guerrero espiritual llevando a cabo un arduo combate por la luz. Como es duro, debe aprender las sutilezas de la dulzura y del perdón. Uno de los animales representados por este glifo es el buitre y mas específicamente el cóndor. Su capacidad para nutrirse de animales muertos y de volar hacia alturas muy altas simboliza tu capacidad de perpetuar la vida desde las cenizas del pasado, de nutrirte de los restos del pasado para crear el futuro, de llevar lo que es muerto hacia la luz del sol para transformarlo y traer un renacimiento de la vida.

Eres un viajante que se dedica a unir el corazón y lo mental en una devoción hacia lo divino. Has llegado a un punto de tu vida en el que quieres averiguar la respuesta a una pregunta profunda. ¡Pregúntate qué buscas en ese momento! ¡Buscas la raíz de la verdad! El Guerrero es quien ayuda a los viajeros a atravesar el río, quien ofrece su ayuda para que avance la vida, para crear un renacimiento. Este glifo te permite ser un hilo conductor entre lo divino y la humanidad. Ábrete a este gran regalo, ya que te ofrece transmisiones de energía y de conocimientos sin que tengas que hacer esfuerzo alguno, tan solo para que puedas ayudar a los demás. La confianza es la herramienta del ser guiado por lo divino. Este glifo te pide que consideres detenidamente lo que es la confianza, y que la encarnes en ti. A través de la confianza se te ofrece el don de la conexión mística. Reclámala, ya que estás en pleno derecho. Si tu voz interior te hace dudar, aprende a desprenderte de ella. Si la cólera te hace rugir, aprende a calmarte para escuchar los sutiles murmullos de tu ser interior profundo. Si te sientes desconectado de tu guía o de la inteligencia galáctica, recuerda que la puerta que lleva a la verdad galáctica está en tu propio interior.

Ten fe en tu inteligencia mística, en tu fuerza de Guerrero, en tus presentimientos, y reclama el derecho de ser guiado y ayudado. Practica la meditación para reforzar la conexión con el espíritu divino y ábrete para ser un vector de transmisión cósmica, así como un agente del progreso de la vida. ¡Actúa para que seas vivo no solamente en la cabeza o en el corazón pero con tu ser entero!

¡Recuérdate que el verdadero combate ocurre en tu interior y que consiste en luchar adoptando una posición defensiva, à través de un rechazo y un "no" con todo lo que intenta controlarte y con todo lo que te impide elevarte, progresar hacia más alegría y serenidad y exprimir lo mejor te ti mismo! ¡Encuentra el camino justo y ético, el que te aporta mayor lucidez y serenidad! De ese modo encontrarás tu poderosa personalidad y te pondrás al servicio de los demás y de tu evolución espiritual para que avance la vida.

17. LA TIERRA

La unión en la alegría, en el cuerpo y en el instante presente entre el que conoce y el que es conocido, permite organizar con inteligencia y de forma práctica el movimiento de la vida en armonía con el orden natural de las cosas, siguiendo un camino de mínima resistencia. La Tierra permite un movimiento cíclico, organización, adaptación y evolución. Permite sincronizarse con los flujos de la vida para estar siempre en el lugar adecuado en el momento idóneo.

El glifo de la Tierra te proporciona la tendencia a estar siempre en movimiento, al igual que el planeta Tierra rota sin cesar, al igual que los ciclos de la naturaleza están en perpetuo movimiento. Tu conexión con los ciclos naturales de la Tierra te confiere gran fecundidad, un poder creativo y una visión profunda de la sabiduría antigua. El poder de la Tierra es también una fuerza de atracción, de gravedad y una fuerza de amor incondicional que te pide soltar lastre y tener fe en el resultado de tu viaje.

Si sigues el ritmo de lo mental, este glifo tiene tendencia a ser absorbido por lo mental y por los pensamientos. La Tierra genera ideas nuevas e invita a seguirlas.

¿Qué nueva tendencia emerge en tu vida? ¿Puedes ver cómo tu camino está conectado al universo? Tal vez tienes tendencia al empecinamiento y a aferrarte a ciertas ideas. La Tierra transformará tus sospechas en fe, y hará que recuerdes tu camino. Puede que surjan terremotos de vez en cuando, engendrando en ti explosiones emocionales, crisis y cambios mayores en tu trabajo o en tu vida personal.

La Tierra es el poder de la navegación y del sentido de la orientación, la que sigue la corriente de la vida y acepta con naturaleza la evolución de las cosas, como un movimiento universal impulsado desde el centro de la galaxia. Permite el alineamiento de los cuerpos celestes permaneciendo en resonancia con la Tierra Madre.

Es la fuerza telúrica, fuente de cohesión y del movimiento de los ciclos de la naturaleza. Si estás conectado y despierto, te adaptas naturalmente a los cambios porque ya has entendido que la vida está hecha de movimiento y de cambios. Sabes aceptar las cosas como son y utilizar tu fuerza de gravedad para atraer lo que es adecuada para ti. Permaneces siempre en movimiento. Eres inteligente, meticuloso y estás arraigado en la vida con flexibilidad.

Tu razón y tu inteligencia concreta están particularmente desarrolladas. Te permiten dominar la materia. Eres realista, progresista, y a veces estás interesado en el compromiso con los movimientos sociales, políticos o espirituales.

Merced a tu notable dominio del mundo material, llegas al final de los numerosos proyectos que sabes concretizar.

Una Tierra dormida se encierra en su intelecto, en su obstinación, en su rigidez, en su inflexibilidad y en sus ciclos repetitivos. Resiste a la vida, al movimiento y al cambio. Se pelea sin cesar con los otros, olvida que está encarnada en un cuerpo, se olvida también de vivir, no marcha bien y sufre por su inadaptación.

El glifo de la Tierra pone de manifiesto la importancia de estar bien centrado en sí mismo, en el instante presente, y de permanecer en el cuerpo, y no en la cabeza. Tienes a tu disposición los dones de la Tierra, y la sabiduría y el sentido común te son accesibles. Gracias a todo ello puedes actuar de forma clara. Hunde tus raíces donde estés para recibir los numerosos dones del momento presente. Conéctate a las energías de la Tierra y de la naturaleza, y escucha la información que te transmite a través de los pies. Tu camino debe llevarte a la vida, a la materia. Encuentra, haz lo que te da alegría y aprovechas las oportunidades que llegan hacia ti.

Recuérdate que la tierra gira porque es la intención de la vida que sea así! ¿Cuál es tu intención? En ese estado del ser abundan las cosas mágicas y las sincronicidades, que te ayudan a acceder a las llaves del rompecabezas cósmico en el que te encuentras.

Tu glifo te ofrece la percepción de la energía y de las sincronicidades. Permanece atento a estas últimas y a las coincidencias, ya que son puntos de conciencia en el tapiz de la magia. Son las llaves para los proyectos de tu alma.

Aprende también a observar y a dirigir tus sensaciones hasta que las conclusiones surjan espontáneamente. Recuerda que la Tierra habita en ti, que eres un miembro de la Familia Global y que eres el Guardián o la Guardiana que cuida del jardín terrestre que le ofrece su hábitat.

En su voluntad bienintencionada de hallar una significación, un sentido y un proyecto a las cosas, las personas portadoras de este glifo tienen a veces tendencia a malinterpretar o a llegar a conclusiones demasiado rápido, ¡porque quieren llegar a una conclusión cueste lo que cueste! Ya te has sentido perdido en lo mental porque interpretas o adaptas la información que te proporcionan tus presentimientos, por un signo, un sueño o un símbolo, para que se ajusten a tus «concepciones mentales».

Todo ello tiende a limitar la significación. Deja emerger de forma natural, en cada presentimiento, la significación del «tablero» como un paisaje que adquiere la forma de sí mismo. Es importante que en tu vida cotidiana te alinees con tu centro, que focalices sin cesar tu atención en el momento presente, que observes sin sacar conclusiones y que recuerdes que has elegido la opción de venir a la Tierra sobre todo para transformarte al fin de exprimir la luz que quiere salir desde el centro de tu corazón.

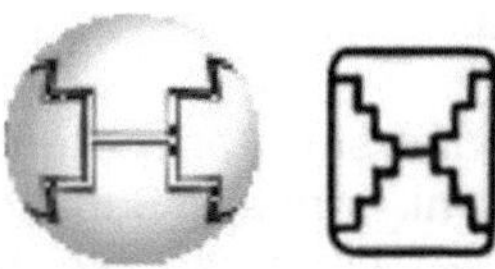

A veces duro, obsesivo, con un fuerte sentido del sacrificio del inferior en provecho del superior, el Sílex es capaz de ver más allá de las apariencias, cortar la ilusión y desarrollar su discernimiento para revelar a cada uno su realidad con una precisión quirúrgica. Tiene conciencia de la estructura del tiempo, del orden del mundo y de su disposición. Permite realizar los esfuerzos y el trabajo sobre si que son necesarios para vivir formas de consciencia superiores. Simboliza las poderosas capacidades de trabajo que son necesarias para construir su templo interior, todo ello con el objeto de reconectarse a la fuente galáctica y a lo sagrado que hay en él. El Espejo permite ver en cada persona una parte de sí. Sabe reflejar lo que es, pero también el orden eterno y las estructuras de la realidad que aportan múltiples posibilidades de evolución hacia la verdad profunda.

El Espejo refleja la existencia de un orden divino sin fin que se encuentra más allá del tiempo. Es el poder de la eternidad. Es el presente eterno de todo lo que es, de todo lo que se expresa cíclicamente. Integra el pasado y el futuro que se reflejan en el presente. El Espejo revela las luchas internas del alma que quiere acceder a la luz de la verdad profunda. Tan solo pide dos cosas: la Verdad y el Orden. Debe ser pulido y trabajado para cumplir su función de manara eficaz.

Por eso está dotado de una espada de sabiduría y de purificación, de un don de la percepción de lo que permanece oculto, de una consciencia de lo que es verdadero, de una gran determinación y de un excelente sentido de la organización. El Espejo utiliza el Cuchillo de la verdad para esclarecer, para transformar, para perdonar y para realizarse. El Cuchillo–Espejo sirve para los sacrificios. Permite cortar las ilusiones para acceder a la espiritualidad. Aporta el discernimiento capaz de identificar las energías negativas, y también de suprimirlas. El Espejo sabe distinguir entre las emociones y los hechos, entre lo que es verdadero y lo que es falso, y tiene la responsabilidad de propagar la verdad. La verdad se encuentra en la forma, pero sobre todo más allá de las formas, en la acción y en el silencio. El Espejo se deshace de la descomposición y de la ficción de la pequeñez del Yo y conduce todo hacia la luz de la verdad. Los mayas creían que este glifo permite recibir informaciones sobre los problemas de cada individuo, así como sobre las malas intenciones de los demás, reflejándolas en un espejo de vidrio de obsidiana.

Las personas Espejo despiertas son transparentes. Actúan con los demás reflejándoles, sin ofenderles ni herirles. Son honestas, directas, a veces duras y lúcidas. Gracias a su poderosa organización, tienen el don de gestionar proyectos complejos, de concretizar y de construir pirámides. Son también excelentes sacerdotes, pastores o guías espirituales. Saben trabajar con une concentración extrema, con alegría, haciendo el mejor trabajo posible, como si sus vidas y el universo entero dependía de la cualidad del trabajo hecho. Eso les permite aumentar significativamente su poder personal.

Si están dormidas no reflejan nada, o tan solo lo negativo, lo que no ayuda a crecer. Tienen tendencia a rechazar o abandonar. Se encierran entonces en la pesantez de la memoria del alma o de las memorias genealógicas no transformadas. Son duras y les falta refinamiento. Trabajan demasiado y olviden de vivir con alegría.

Tu misión de reflejar también te atañe a ti mismo. A través de la meditación puedes distinguir la verdad de la ilusión. Entonces las ilusiones no pueden seguir siéndolo, y son apartadas del resto.

El objetivo de este glifo es generar el orden, reencontrar el orden, manifestar el orden cósmico y la verdad sobre la Tierra, ya sea en ti mismo o en el exterior, a través del servicio a los demás. Tu desafío en la vida consiste en hallar la armonía en cualquier situación y en ti mismo, y de utilizar su poder de verdad y tu sentido de la justicia como un regalo o un don, y no como un arma hiriente.

¡El Espejo refleja una imagen! ¿Qué imagen das a los demás? ¿Qué imagen te es reflejada? ¡No olvides que puedes sentirte herido por el lado oscuro de algunas personas cuando tratan de proyectar tus problemas en ti!

¡Ten siempre conciencia de tu capacidad para ver en ti el estado interior de los demás! ¡Aprende a distinguirte de los otros! ¡No dejes que abusen de ti y busca la verdad, pero no te obsesiones por lo que es correcto o lo que es falso! ¡Visita la sala de los espejos! Observa tu reflejo y dirígete a esa parte de ti que tratas de esquivar, o que no has visto con total claridad.

Contempla esa parte menos clara, la que no reconoces, la ilusión de los problemas. He ahí tu oportunidad de ver la verdad, de completar la parte que te falta.

Mira en el Espejo que revela el inconsciente y contempla las partes sombrías que te impiden ver la luz, o que se interponen en tu camino hacia la luz. Utiliza a la gente y al mundo que te rodea como espejos para descubrir quién eres en realidad. Trata de dejar que las cosas se hagan por sí mismas, y acepta el punto de vista de los demás poniéndote al otro lado del espejo. Si te mantienes siempre en tu posición no permitirás que las situaciones cambien.

El Espejo te guía hacia una posición fluida entre lo que parecen ser polaridades extremas. El juicio y la aceptación son dos lados opuestos del mismo espejo. Entra y pasa a través de sus reflejos hasta una realidad más amplia. Utiliza tu discernimiento para poner coto a los juicios de valor sobre ti mismo y sobre los demás, para alejar las dudas, los miedos o los problemas emocionales, y para hacer más claro todo lo que aún no lo es.

Pregúntate bajo qué forma sostienes las ilusiones en tu vida. La aceptación de ti mismo tiene el poder de liberar y de personificar todas las cosas que te impiden ver la imagen clara que en realidad reflejas.

Es posible que las sombras reflejadas en tu espejo parezcan tan reales que creas que se superponen a tu habilidad de poder cambiar las cosas. Afronta esas sombras. ¡Míralas bien! Contempla lo que quieren decirte acerca de la sabiduría que habita en ellas para tener acceso a une conciencia superior.

Lo que aparece en el Espejo es lo que necesitas para crecer y para desarrollarte. Tomes conciencia de tu potencial y expresa lo. Si te sientes atado a la maraña de tu dimensión mental, imagina que estás en el centro de ti mismo, practica el arte del silencio interior y de la meditación, pregunta a la sabiduría y reconoce la verdad. Contempla también los Espejos que te ofrecen los demás para ver cómo contribuyes a mantener la ilusión en tu vida. Si tienes una reacción violenta hacia una persona o una cosa, observa atentamente tus reacciones y contempla el regalo que supone el Espejo.

Utilízalo para ver, para perdonar y para transformarte en una persona más sabia. Tus grandes capacidades de trabajo y tu poder de transformación podrán entonces aportar a la Tierra más serenidad y sabiduría. Si aprendes à trabajar sobre ti mismo y a transformarte en un espejo luminoso que refleja la luz eterna, podrás tener acceso a la luz que existe al centro de ti y a una grande alegría y paz interior.

19. LA TORMENTA O LA LLUVIA O LA COMUNIDAD CON LOS HOMBRES

Hipersensible, muy intuitiva y atraída por todo lo que sea liberador, la Tormenta es un catalizador y un acelerador de energía capaz de liberar todo lo que permanece encerrado, de suscitar cambios sustanciales, de enfrentar una evolución espiritual y de desencadenar una curación. Hace descender del cielo una fecunda lluvia, mensajes clarificadores y enseñanzas para llevar al ser humano a transformarse, a que tome conciencia de que forma parte de una red y de la humanidad, para ayudarle a reencontrar su libertad y su lugar cerca de su Creador. Tan solo un gran dominio y una gran fuerza de amor permiten gestionar la energía de la Tormenta para hacer que la humanidad avance.

La Tormenta es el poder de aportar la lluvia, fuente de vida, que permite a las semillas y a los seres de desarrollarse. También es la autogeneración de energía, del poder que produce sus propios cambios de forma acelerada catalizando la energía. Todo ello puede originar cambios violentos y profundos, tanto para ti como para las personas de tu entorno.

La Tormenta te permite generar en tu interior la fuerza para transformar, para purificar y para curarte. Es una fuente sin límite de energía y de poder que te proporciona mucha energía para gestionar cualquier cosa. Esta fuerza tan poderosa necesita el amor, la ternura y la visión.

Con esas cualidades puede transformar y desechar todo lo que debe serlo. La Tormenta no tiene piedad a la hora de ponerte frente a lo que no quieres enfrentarte, y tampoco es sutil. Actúa porque quiere purificarte y transformarte.

Si en tu vida todo permanece en calma, no olvides que también puedes encontrarte en la Tormenta con otra persona. Pero la Tormenta te da siempre la energía necesaria para ver donde están las semillas que puedes cuidar y para gestionar lo que debe ser gestionado. También permite adquirir el sentimiento de seguridad y de calor que se experimenta en el hogar cuando la Tormenta arrecia en el mundo exterior.

Dicha energía te ha sido dada para llevar a cabo una misión: producir las condiciones necesarias para el crecimiento espiritual. Es capaz de limpiar emocionalmente y de romper las estructuras mentales para aportar una iluminación. También proporciona la inteligencia universal, la capacidad de aprender, de manejar proyectos y de integrar numerosas y variadas disciplinas, así como enseñar los conocimientos que han sido adquiridos.

Los pertenecientes a este signo son furiosamente independientes. Acentúan las contradicciones. Son cultivados, alegres, amigables, serviciales, y tienen mucha compasión.

Buscan sin cesar nuevas experiencias. Deben aprender a ser pacientes y a transformarse interiormente a través del perdón.

Una Tormenta dormida genera tanta energía que la encierra psicológicamente, ya que no es capaz de producir cambios. Entonces provoca un ambiente pesado alrededor de ella. Acumula demasiados conocimientos inútiles, está de mal humor, tiene regularmente crisis violentas, hiere de forma gratuita y vive en una Tormenta emocional permanente. Entonces debe encontrar las enseñanzas que le permitan liberarse y alcanzar la realización de sí misma. También debe encontrar la semilla y el suelo que podrá cuidar para nutrir y conseguir el éxito de los proyectos que la harán crecer.

Una Tormenta despierta genera transformaciones en su vida y en la de los demás. Lleva a cabo su destino, se realiza y aporta alegría, crecimiento, evolución y mejora en la vida de los demás. Tras la Tormenta llega el Sol, la iluminación. La Tormenta anuncia un tiempo de intensa actividad y de profunda transformación. Entonces llegas al límite que conoces de ti mismo.

Este glifo te invita a entrar en el fuego que transforma cada nivel de tu ser, desde los cimientos hasta la periferia. Te ayuda a pasar de un estado de aparente separación entre ti mismo y el resto del mundo a un estado de unión y de comunión con todo lo que te rodea.

Estás en la intersección del Camino, en medio de una revolución personal, dejando de lado los viejos esquemas, antiguas acusaciones, experiencias pasadas, memorias y expectativas. La vida purifica y prepara tu cuerpo de luz para el renacimiento. ¡Entra en lo desconocido y comienza tu metamorfosis! Este glifo te prepara para pasar a través de lo que parece ser una barrera imposible de franquear. Los intensos sentimientos que albergas alrededor de tus murallas son, en realidad, el combustible que te permite atravesarlas. Dichos sentimientos son el acceso a tu potencial y a tu poder oculto.

Purifícate con el agua, con los relámpagos de luz, y de conciencia, de este glifo. Siente cómo te abrazan los seres del trueno. Descubre la libertad del verdadero aventurero, el que personifica la libertad que puede asumir cualquier rol, en cualquier momento, sin sentirse atado. Ten confianza en la esencia que aporta esa libertad. Permítete ser un buen jugador en el gran juego de la vida. ¿Te sientes inseguro ante la idea de tomar riesgos? ¿No estás seguro de ser capaz de elegir? ¿Te has topado con un límite a tu crecimiento o con un muro invisible? Tal vez has experimentado sensaciones intensas de ansiedad indefinida, pero es perfectamente normal, ya que te encuentras en la intersección de tu evolución.

Cada nivel de tu ser se está transformando. ¿Te sientes inquieto por tu salud? ¡Recuerda que debes cuidarte! ¡La intensidad que sientes responde al proceso de purificación del glifo de la Tormenta!

Este glifo hace surgir cosas de tus profundidades más abisales, ¡de la memoria de otro tiempo! Limpia los rincones más secretos de tu ser revelando la separación que mantienes con la luz original de la Fuente. Debido a ese proceso de limpieza, la vida parece, en ocasiones, difícil y demasiado intensa. Entonces a veces deseas escaparte de la realidad del mundo.

Todo lo cual puede provocar esquemas de adicción o de negación que no hacen más que intensificar el proceso. Entre ellos podemos enumerar la adicción al miedo, al sexo, a las drogas, a las dudas sobre sí mismo, a las posesiones materiales, a las relaciones, al trabajo, u otras similares. En la sombra de la Tormenta a veces sentimos la desesperanza y el deseo de abandonarlo todo. Pero persevera, ya que estás en la frontera de un mundo desconocido, en plena transformación, descubriendo en ti un nuevo espacio sagrado que es como un diamante luminoso en el centro de tu corazón.

¡Tus sentimientos aumentan de intensidad! Utiliza esa energía para crear el éxtasis de la libertad. Déjate llevar a través de ese intenso flujo de sentimientos que acompaña a tu crecimiento, y accede a tu propia esencia. Rompe tus barreras, saca de tu interior todas las dudas que te hacen sentir separado de la Fuente y... ¡anímate! La totalidad de tu transformación desafía a todo lo que hay en tu realidad. Deshazte de todo lo que perpetúa la ilusión de la separación. Lánzalo todo al fuego de la Tormenta y tu verdadero ser emergerá de las cenizas purificado, transformado y radiante de amor. Entonces podrás poner al servicio de la Vida esta energía de vida y de renovación, toda esa fuerza de amor y de transformación y tu éxtasis de libertad.

20. EL SOL O LA FLOR O EL REY

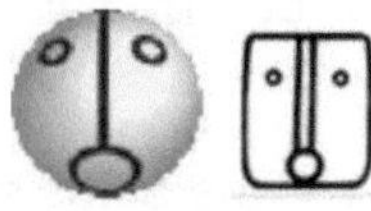

Primer y último glifo, el Sol es la unidad original, la fuente de todo lo que es, así como su culminación. Dotado de un ideal, de aspiraciones elevadas, de una visión celeste, de una conciencia que quiere despertarse, de una poderosas voluntad y un gran realismo, el Sol permite abrir el corazón a la fuerza del amor, de utilizar su poder creador, de expresar su luz y lo mejor de sí mismo para dirigirse con sabiduría dando lo mejor de sí e iluminando todo lo que es sin favoritismo alguno. Permite iluminar la vida, aportar claridad, alegría y plenitud, conseguir el éxito, triunfar en su vida, devenir un testimonio viviente de la magnificencia del Sol y reencontrar la unión con el centro galáctico en el que reside la fuente primordial de la Realidad.

El Sol es el poder del fuego universal. Es la luz de la que venimos y la luz a la que volveremos algún día. Es quien asciende y lo ilumina todo, quien va en busca de su propia luz y la de los demás. Es tu mayor potencial, el mejor de todos.

Representa la capacidad de elegir metas que tienen sentido y a implementar la organización necesaria para alcanzarles por el fin de tener éxito. Representa el dominio, la fuerza creadora, la capacidad de reinar y de dirigir, el conocimiento clarificado, la habilidad para canalizar la integridad galáctica, la consciencia solar y el ser iluminado que da generosamente lo mejor de sí mismo para hacer florecer todos los potenciales.

Las personas de este signo son visionarias románticas y centros de atracción. Aman mostrarse. Pueden ser dirigentes, instructores, creadores o artistas. Son alegres, muy animadas, bien intencionadas, nobles, íntegras, dignas, y tienen un profundo sentido de lo bello y de la cualidad. Si están dormidas pueden llegar, por el contrario, a ser muy egoístas.

Cuando están despiertas aportan, en torno suyo, entusiasmo, calor, vida y luz. Proporcionan un sentido positivo a las cosas y son capaz de ver la belleza por todas partes donde está.

El Sol permite sentir la gran unidad con toda la vida que hay alrededor, de ayudar a los demás a vincularse a su corazón, a sus fuerzas de Amor y a sus capacidades creadoras, y de irradiar amor incondicional en este mundo.

¿Te has preguntado alguna vez si tus actos son incondicionales? ¿Cuáles son tus móviles ocultos, o tus expectativas? Si no son puros y nobles, corres el riesgo de sentirte decepcionado. Lo que das a la vida siempre te será devuelto.

El lado oscuro del Sol es un idealismo excesivo. Si tus pensamientos idealistas ensombrecen tu sentido de la realidad, ajusta tu conciencia para hacerlo todo más visible. Debes aceptar que el mundo en el que evolucionas no ha alcanzado forzosamente tu nivel de conciencia y tus capacidades de creación de tu propia vida, y que aún esté dominado por personas cuya motivación responde a intereses egoístas. El desafío del Sol consiste en abordar la vida con realismo sin perder de vista los sueños superiores.

¡Ser un hijo del glifo del Sol es siempre una bendición! Si es así, estás hecho de consciencia y de Amor. Eres la antorcha que permite elevar la conciencia de muchas personas, así como restituir el amor y la alegría que aporta la utilización del don de la creatividad y ayudar a los demás a tener éxito, ya que eres un representante sobre la Tierra de la Luz que emite la Fuente creadora del todo.

Este glifo te aporta el poder curador del amor incondicional. ¡Actúa como un hijo divino del Sol sagrado en todas las circunstancias y en todos tus pensamientos! ¡Irradia la presencia del «YO SOY» Solar! ¡Acéptate tal y como eres de forma incondicional! Viaja con tu cuerpo de luz y de consciencia hacia las Estrellas de las que proviene el alma.

Identifícate con el poder del Sol y aporta alegría y calor dondequiera que vayas. Perdona, libera y anima a cada ser humano. Honora y confía en el lenguaje del corazón, ya que el lenguaje es la brújula que te permite retornar a la Casa del Creador. Abre tu corazón como una flor al sol, y llénate de ese amor que mantiene la cohesión del universo.

La Sombra de este glifo se manifiesta cuando te limitas, cuando pones barreras al poder del amor y al poder del Creador en tus ideales, tus creencias, tus principios y los procesos de identificación que te aprisionan y crean un sentimiento de separación ilusorio. ¡Contempla tus concepciones de la divinidad, de la Fuente representada por el centro galáctico! Comprueba cómo tu visión de las cosas crea tu mundo, así como la imagen que tienes de ti mismo.

Si no vives en el amor incondicional, si no te contemplas como una parte integral del Dios Creador de todo, o si no te identificas lo suficientemente con tu Dios personal, con tu Ego, estás en la sombra de este glifo. La sombra es el amor con condiciones, esto es, con expectativas y juicios de valor. ¡El amor incondicional es una aceptación total y completa de lo que es!

El amor incondicional supone permitir a cada persona ser lo mejor de sí misma sin condiciones.

Permite que todos sean lo que son para que expresen su propio poder creador con el fin que florece su potencial y que sea un modelo de éxito. Aprende a tener alegría, a ser incondicional, sobre todo con ti mismo, ya que así podrás sentirte como el hijo del Sol venido de la Fuente de Luz que en realidad eres. Practica el arte del silencio interior para sentirte en unión con los seres y las cosas, así como el arte de amar con el corazón, para ser una expresión del amor incondicional del Sol Divino sobre la Tierra.

Algunas informaciones para ir un poco más adelante en la interpretación de los glifos de la cruz maya

Los mayas sabían que el mundo de la materia está animado por fuerzas que son opuestas pero también complementarias. Esta dualidad o complementariedad se encuentra en los 20 glifos. Así, se puede separar los 20 glifos en dos grupos. En el primer grupo hay los glifos de uno a diez mientras los glifos de once a veinte forman un segundo grupo. Y un glifo de la decena superior es el opuesto o complementario del glifo con el mismo número menos diez de la decena inferior. Los dos glifos juntos forman una totalidad. Cada glifo necesita su complemento para que une persona exprime la energía representada por los dos glifos en su totalidad.

1- El Dragón		11- El Mono
2- El Viento		12- El Humano
3- La Noche		13- El Caminante del cielo
4- La Semilla		14- El Mago
5- El Serpiente		15- El Águila
6- El Puente		16- El Guerrero
7- La Mano		17- La Tierra o el movimiento
8- La Estrella		18- El Espejo o el Sílex
9- La Luna el agua		10- La Tormenta o la Lluvia
10- El Perro		20- El Sol

Puede entonces ser muy interesante interpretar al glifo complementario a la misma vez que un glifo de la cruz maya. Un glifo es naturalmente bien asimilado cuando está en una casa fácilmente accesible a la consciencia (glifo origen, identidad y aliado). Muchas veces eso significa que los complementarios de estos glifos no son bien asimilados y que se necesita hacer un esfuerzo para asimilarlos y así equilibrar la energía representada por los dos glifos. Los glifos que no son naturalmente bien asimilados, sobre todo al empezar de la vida (antípoda y ocultó o destino) pueden ser más fácilmente asimilados y integrados con la ayuda de sus complementarios. Para utilizar los complementarios, hay que conocer los glifos perfectamente, ver la conexión entre un glifo y su complementario y tener une experiencia suficiente de la interpretación de la cruz maya.

El mensaje de los 13 tonos

TONO 1: Hun

TAMBIÉN LLAMADO «MAGNÉTICO» EN EL CALENDARIO DE LAS 13 LUNAS

El 1 genera un campo de energía magnética alrededor del cual todo gravita, manteniendo la unidad de las estructuras y definiendo el proyecto y los objetivos fundamentales de una persona. El 1 es la unidad que inicia, la intención primera y generadora de creación y de impulso, permitiendo el comienzo de las cosas. La vibración del tono 1 es la vibración de los inicios, de los iniciadores, de las personas autónomas que abren los caminos como un grano que sale de la tierra. El tono 1 o «magnético» te indica que debes vincularte a la esencia en el instante presente y abrir tu corazón al amor incondicional, así como permitir a tu capacidad desencadenar, comenzar e iniciar los acontecimientos para que éstos se expresen. Por todo ello resulta esencial tener un objetivo claro, ser consciente de tus intenciones y, acto seguido, hallar la confianza en ti, escuchar a tus certitudes y expresar tu creatividad.

Eres la sabiduría que aspira a reencontrar su camino, y estás más motivado cuando tienes un desafío. Puedes ser un ejemplo para los demás. Puedes dar a los otros la fuerza para que comiencen sus proyectos y para que empiecen a hacer lo que han venido a hacer en esta existencia. Sé activo y manifiesta lo que te dice tu Yo interior. El tono 1 te da la energía que necesitas para comenzar lo que deseas, para alimentar a tus sueños, a los que te entusiasman, para que se manifiesten y ayuden a los demás a realizar sus propios sueños. Eres un instrumento del Creador al servicio de la vida.

TONO 2: Ka

TAMBIÉN LLAMADO «LUNAR» EN EL CALENDARIO DE LAS 13 LUNAS

El 2 se manifiesta como un deseo, ya que se trata de expresar en la materia en tanto ser espiritual, y de lograr el equilibrio de las fuerzas opuestas o complementarias. Es el desafío que permite reaccionar, y la consciencia de las dualidades o de las complementariedades.

El segundo tono, lunar, es la polaridad compleja de la vida, los dos extremos de un mismo fenómeno, los opuestos en la forma que son, sin embargo, idénticos en su naturaleza: el espíritu y la materia, el día y la noche, lo masculino y lo femenino, la vida y la muerte.

Los dos te muestran que la realidad en la materia es doble, y que todo lo que existe en la Tierra es el resultado de una tensión entre dos opuestos complementarios. Debes tomar consciencia de lo que te separa de la fuente creadora que ha creado tu cuerpo espiritual, tu alma y tu cuerpo físico. El 2 es, por lo tanto, una dualidad que crea una reacción.

Armonizar la vibración equivale a equilibrar los extremos para incluir cada uno de ellos. Si todo fuera luz las formas se difuminarían. De ahí surge la necesidad de contraste merced a las sombras. Cultivar tu estado vibratorio personal es armonizar tu vibración con las resonancias planetarias, solares y galácticas, incluyendo los extremos ya polarizados en masculino y en femenino.

Este tono te reclama integrar la dualidad que hay en ti, y es probable que tu vida esté marcada por los opuestos extremos. Siente la polaridad como un todo en el que los opuestos son como una alianza de un Todo más grande, los dos recipientes de una misma verdad. Debes saber sopesar los pros y los contras y ver las dos facetas de todas las cosas. Vive la polaridad como una enseñanza que te permite ser libre, porque te permite ascender a tus orígenes, a la fuente de todo lo que es. Examina en ti lo masculino y lo femenino y observa el rol, la importancia y los regalos que cada polo suscita en tus relaciones. Presta atención a los mensajes que los desafíos aportan a tu vida, ya que lo que ves como obstáculos te enseña, en realidad, lo que debes perfeccionar para continuar en tu camino hacia tu verdad, y para realizar lo que te hará florecer. Este glifo en esta casilla debe incorporarse y encarnarse en plena presencia. Entonces podrá aportarte la abundancia.

TONO 3: Ox

TAMBIÉN LLAMADO «ELÉCTRICO» EN EL CALENDARIO DE LAS 13 LUNAS

La energía eléctrica del 3 se desplaza por canales estructurados que vehiculan una energía dotada de informaciones. Desde un plano mental, permite encontrar soluciones y permanecer focalizado en el servicio a la vida. Gracias al 3 cada fenómeno dispone de su propio ritmo y de su movimiento. Todo tiene un comienzo: nace, muere y después renace. El tono número 3, «eléctrico», es el movimiento y la comunicación, gracias a un lenguaje, entre los dos polos —masculino y femenino— de los tres planos —físico, emocional y espiritual—. Es el tono de la Santa Trinidad.

Creando polaridades o dualidades desencadenamos una serie de acontecimientos denominados «karmas», circunstancia que vivimos y experimentamos para después superamos. Nacemos en un campo kármico para desarrollar una cierta perspectiva cósmica y para servir. La compensación de la fisura que existe entre el Yo y la Fuente que nos ha creado nos lleva al movimiento y a la acción. El karma nace de la ignorancia, y produce la ignorancia y la oscuridad espiritual.

El dharma corresponde a un conjunto de actos que corrigen y suprimen la negatividad. Crea un campo benéfico de conocimientos, de acciones justas en armonía con las leyes cósmicas, de encaminamiento hacia la luz y la sabiduría. Es lo que corrige el karma, y dicha compensación, el dharma, se expresa en el tono 3.

Este tono significa comunicación y, por lo tanto, escucha y expresión, movimiento, fluidez, servicio a los demás y corriente de cambio. Tienes la capacidad de cambiar todo lo que quieras en tu vida. Deja que se exprese tu potencial creativo de transformación a través del lenguaje, los intercambios y el movimiento, y después focaliza esa energía para que logres expresar tus verdaderos deseos.

Ábrete a todas las posibilidades que se te presentan para desencadenar los cambios que te reclaman, que te entusiasman y que deseas realizar en tu vida o en la de los demás. Déjate llevar por la corriente del movimiento perpetuo y restablece la corriente donde esté desconectada. A través del servicio y del movimiento puedes expresar tu corazón y permitir a los demás expresar el suyo.

TONO 4: Kan

El 4 permite identificar, medir y estructurar la forma en la vida. Es el poder ordenador matemático del macrocosmo y el microcosmo. Permite establecer los límites a las formas y a las estructuras merced al cuadrado, modelar el espacio y estabilizar la materia. La cifra 4 evoca los 4 elementos, las cuatro razas originales, las cuatro caras del cuadrado y las unidades de medida de todas las estructuras materiales que son necesarias para concretar la forma en la materia. Entra en relación con la trinidad para formar la estructura septenaria de todo lo que es.

Tienes en ti las cualidades del 4, que son el orden, la disciplina, el discernimiento y el alineamiento con los ciclos naturales de la vida. Tienes la capacidad de discernir la verdad de la mentira, de actuar de tal forma que todo esté en su justo lugar en el tiempo y en el espacio, de tomar tu lugar y de gestionar tu territorio con rigor y autoridad.

Puedes dar forma a tus ideas y a tus aspiraciones, manifestar tu sueño o tu visión y hacer real lo que hay en tu interior a través de la materia. Tienes el don de canalizar tu energía creadora de forma constructiva y de materializar en el mundo tus sueños y tus deseos. Además, puedes servir a la vida gracias a tu poder de estructura y de organización.

TONO 5: Ho

TAMBIÉN LLAMADO «TONAL» EN EL CALENDARIO DE LAS 13 LUNAS

En tanto que imán positivo, el 5 representa el polo masculino de la fuente creativa de la vida. Es un centro que posee una pulsación cíclica. Toda unidad, por pequeña que sea, comporta un núcleo que ejerce una fuerza de atracción, así como una periferia de manifestación que siempre está en movimiento. El 5 es ese núcleo, el centro que vibra a una cierta frecuencia para estar en el tono, así como para dar el tono. Es el catalizador que revela sin ser alterado para organizar los objetivos en la acción repartiendo las misiones. Permite dirigir y focalizar el flujo de energía de un sistema por medio de la fuerza de voluntad y de la autoridad en una dirección específica para expresar el pleno potencial.

Representa, igualmente, la mano y los cinco dedos. La mano permite dar con generosidad y recibir con gratitud, servir a los demás y expresar la creatividad para llevar a la plenitud y a la realización del Yo. Es una inteligencia organizadora capaz de tratar la información y de aplicar los conocimientos adquiridos en una situación concreta.

El tono 5 te invita a recordar que eres el centro del universo, que eres un centro vinculado con el centro galáctico, y que transfieres tu conciencia al centro de tu corazón. Ahí donde se sitúa la conexión con la chispa divina, que es tu identidad, encontrarás tu proyecto fundamental, tu misión individual, la que has elegido antes de encarnarte. Tus manos podrán ayudarte a llevarla a cabo.

Observa que existe en ti una gran sabiduría. Sé simple, sé lo que eres, y no lo que crees que los demás quisieran que fueras. Tienes la autoridad suficiente para ser un centro y para expresar lo que hay en tu corazón mediante el uso de la creatividad.

Pero tener autoridad no significa forzosamente mandar a los demás, sino más bien conectarte contigo mismo, con tu esencia y con lo que amas para expresar tu potencial aprendiendo a dar y a recibir.

TONO 6: Uak

TAMBIÉN LLAMADO «RÍTMICO» EN EL CALENDARIO DE LAS 13 LUNAS

El sexto tono corresponde a los ritmos que generan el principio de vida del organismo colectivo de la humanidad. El 6 es la planificación hexagonal de las estructuras cristalinas y celulares. Su acción consiste en equilibrar su poder y el movimiento inteligente asociado a la organización para obtener un buen funcionamiento, una buena salud y un perfeccionamiento.

La tendencia de todas las estructuras vinculadas a la vida consiste en alcanzar un equilibrio relativo, lo que permite llegar a un estado de realización intermedia, para después continuar el movimiento hasta alcanzar estados de desarrollo superiores. Todo ello implica la creación de vínculos organizados, de flujos de informaciones y de intercambios. Este tono también aporta la concreción de objetivos merced a la inteligencia y a la transformación de situaciones a través de saltos cualitativos de energía, un movimiento a partir de equilibrios inestables hacia equilibrios temporalmente estables, y el pasaje de una forma de energía a otra como consecuencia de una acción estratégica de reequilibrio.

Nada ocurre por azar. Todo efecto tiene su causa y engendra otros efectos. La causa primera es el Creador, y después la decisión de la encarnación. Todo está sujeto a la acción equilibradora del organismo colectivo de la humanidad. Su acción consiste en equilibrar, conciliar, moderar los extremos e igualarlos para producir la organización. La palabra «organización» no debe entenderse como un orden inmutable, sino como una forma transitoria de obtener un desarrollo progresivo de la acción, así como un perfeccionamiento.

Tienes las cualidades del 6 que son: el movimiento organizado, la flexibilidad, la receptividad, la capacidad de actuar para equilibrar acrecentando la higiene, la inteligencia y el sentido de armonía.

El 6 permite adquirir el presentimiento de que existe una ley universal que engendra una reacción a toda acción y, por lo tanto, que existe una justicia universal que tiende a restablecer el equilibrio. Busca en tu ser profundo tu verdadera esencia más allá de la dimensión mental, ahí donde existes en tu totalidad. De ese modo encontrarás tu capacidad creativa para modificar las situaciones y las relaciones gracias a tu inteligencia, así como para dar amor y recibirlo de una forma equilibrada. Una vez que sabes quién eres y hacia dónde te diriges, puedes llevar tu expresión y tu vitalidad a la realidad para encarnar ese principio de equilibrio dinámico y de armonía inteligente en movimiento, como si bailaras tu vida en la alegría.

TONO 7: Uuk

TAMBIÉN LLAMADO «RESONANTE» EN EL CALENDARIO DE LAS 13 LUNAS

El 7 es el canal central que vincula los 6 primeros glifos a los 6 últimos, lo bajo y lo alto, permitiendo engendrar la consciencia y una armonía en la acción. Representa la estructura septenaria de los universos, tanto materiales como emocionales, mentales y espirituales. Es la voluntad divina en acción en los diferentes universos, así como una forma de poder místico. El 7 canaliza la energía espiritual para dominar la materia por medio de la aplicación de la ley.

El orden del mundo a nivel material es un fragmento de la planificación total del universo, y la constatación de lo que pertenece a dicho orden permite tener consciencia de lo que no es justo, y de reajustarlo.
No controlamos nuestra dimensión mental, pero somos «pensados» por lo mental. Vivimos en una inmersión permanente en lo mental. Nos introducimos en él y vivimos en él. El poder místico es el poder conferido por el gran Todo, y se manifiesta por medio de lo mental merced a la palabra.

El 7 también permite la reflexión profunda que lleva a la revelación de lo que es esencial, así como la justa visión del orden de las cosas.
Con el 7 puedes acceder a tu conexión personal con la fuente del poder creador para encarnar dicho poder en la materia y, de ese modo, participar en la civilización. También puedes comprobar la existencia de dicha conexión en cada persona teniendo la visión del otro en ti, esto es, como si el otro fuera una parte de ti.

Tienes las cualidades del 7 que son la aceptación de lo que es, el poder místico, la capacidad de descifrar los misterios ocultos del orden del mundo y de los vínculos existentes entre las personas, así como la puesta en práctica en la materia de tu poder personal, que siempre se encuentra en movimiento. Libérate de tu necesidad de aprobación exterior y acéptate de forma incondicional. ¡Reclama tu sabiduría mística! Abre tu fuente de amor y alínéate con el misterio de 7: 7 chacras, 7 planetas personales, 7 notas de música, 7 colores del arcoíris. A partir de ese momento podrás encarnar un poder creador de evolución activo en la materia.

TONO 8: Uaxac

TAMBIÉN LLAMADO «GALÁCTICO» EN EL CALENDARIO DE LAS 13 LUNAS

A este tono también se le denomina «Principios de las octavas resonantes» y de los pasajes entre las frecuencias o realidades. Como en la música, las escalas se suceden en conjuntos de 8, y la energía resuena en cada uno de los niveles de manifestación en tanto que nota armónica, desde el centro galáctico, en el que cada nivel vibratorio está ligado a los otros niveles mediante un remolino. El 8 permite tomar conciencia de las diferentes realidades energéticas y materiales para hacerlas vibrar en coherencia y, de ese modo, modelarlas.

Las octavas son los vehículos de información del gran Todo. Permiten acceder a las verdades profundas y al conocimiento. Adquieren su poder de la gran Ley de la armonía y del equilibrio, del que son ejecutantes en la Tierra. El tono 8 también confiere la capacidad de dar forma y de modelar en la zona de los niveles intermedios, entre el océano del inconsciente colectivo y el mundo encarnado de la ilusión tridimensional, mundo creado a partir de deseos y del miedo a la muerte. El tono 8 es la justicia que evalúa el nivel de integridad, que armoniza y que te aporta las cualidades de la resonancia armónica, la senda del corazón, la conexión con los otros y el conocimiento de las verdades profundas. Es la fuerza del Amor que se expresa por medio de un flujo de armonía dinámica en la vida. Reequilibra los desequilibrios kármicos.

Toma conciencia de lo que no está equilibrado en ti o en el exterior, y después actúa para reequilibrar, asegurar y ser coherente con tu camino de evolución. Sé consciente de hacia dónde te conduce tu ser interior, tu sexto sentido, ya que es ahí donde encontrarás oportunidades únicas y auténticas. Descubre tu armonía interior, lo que está afinado, silenciando tu dimensión mental y buscando la parte de ti que se expresa en función de las evidencias. Accede a tu verdad profunda y a tus verdaderos deseos, halla tu coherencia y expresa las cualidades de tu corazón, así como tu poder personal para modelar las formas a través de la acción.

TONO 9: Bolon

El 9 concretiza los proyectos de vida en el mundo gracias a una acción organizada que toma en consideración todas las variables e informaciones del espacio–tiempo. El tono número 9, o «solar», posee la energía necesaria para tener una visión global de la vida y para dar sentido a las cosas accediendo a lo sagrado merced a un vínculo con lo universal.

Permite terminar un ciclo y preparar uno nuevo. También propicia una expansión y la realización de sus deseos en función de su visión global y de sentido, teniendo siempre los dos pies bien anclados en la Tierra y la consciencia abierta a lo celeste.

El 9 te pide ser, en lugar de tratar de ser; de transformarte en la persona que hace brillar la luz por los demás.

Eres el ser humano que muestra a los demás el modelo de un nuevo mundo abierto a los valores espirituales. A medida que evolucionas dejas de lado los viejos modelos, fundados en el miedo y el amor por el poder, que no permiten el crecimiento. Tomas conciencia de los grandes ciclos de la vida, siempre en movimiento evolutivo.

Llevas tu sabiduría interior a la realidad, tanto en el tiempo como en el espacio, en el pasado, el presente y el futuro, para que se produzca la unificación de ti mismo en una vida completa. Sé todo lo que eres capaz de ser, crea tu propia vida para completar el gran «cuadro» universal, enseña a los demás para que hagan lo mismo y sé un sol que brilla en el mundo permaneciendo en su lugar. De ese modo encarnarás tu energía 9.

TONO 10: Lahun

El décimo tono, llamado «planetario», es el movimiento estructurado en el tiempo, en tanto que energía, en los dos mundos, el nuestro y el del más allá. Dicho movimiento se manifiesta como energía evolutiva de construcción en cada nivel de vibración. Trasciende los obstáculos y guía el proceso de evolución. Corresponde a los ciclos del tiempo y a lo que se perpetúa eternamente a través de los ancestros. El 10 construye los planetas.

Dispones de las capacidades del décimo tono, que son: la capacidad de focalizar y de concentrar la intención; el sentido de la organización y de las responsabilidades; la motivación; la capacidad de construir sistemas organizados; el poder de encarnar tu identidad verdadera separada de la memoria del tiempo pasado, todo ello acudiendo a los conocimientos ancestrales.

El 10 es el rayo de la manifestación, el Yo individual que manifiesta su verdadera identidad ligada a su esencia propia, todo ello influido por su memoria ancestral. Sé consciente de la memoria que habita en ti y aprende a aislarte para acceder a tu identidad, ¡pero también a expresar todo el potencial de tu memoria!

¿Sobre qué estructuras y creencias está construida tu realidad? ¿Qué fundamenta tus decisiones? ¿Cuáles son tus raíces profundas? ¿Qué te gustaría concretar en tu vida? ¿Cuál es tu senda para acceder a la serenidad? ¡Observa detenidamente en tu interior, busca tus intenciones y actúa para recorrer tu camino y que surja tu propia esencia! Concretando y construyendo lo que tu corazón y tu alma desean, lograrás alcanzar un estado de armonía serena y de alegría profunda. Cuando evolucionas te alineas con el Modelo Supremo, con el orden del mundo, ¡y todos reconocerán tu verdadera identidad de Ser Sabio!

TONO 11: Buluc

TAMBIÉN LLAMADO «ESPECTRAL» EN EL CALENDARIO DE LAS 13 LUNAS

El undécimo tono es espectral. Todas las estructuras, y la vida misma en su pulso creativo siempre en movimiento, generan nuevas realidades. Dichas realidades tienen un sonido, que procede de su universo. El movimiento perpetuo implica mutaciones, ajustes y un cambio constante en aras de la mejora. La cifra 11 alimenta ese movimiento de progreso.

Una estructura que se desorganiza en un caos aparente está, en realidad, mutando hacia un orden nuevo, que no es visible desde la tercera dimensión de la materia. Una estructura fija, que no cambia, es contraria a la vida y termina desapareciendo. Por lo tanto, el ser humano tiende a buscar un orden y una seguridad en una organización normalizada para sentir... ¡que todo va bien! Y, sin embargo, todo ello no es más que un espejismo.

No nos hemos dado cuenta de que el gran abismo que nos separa del Todo es la no–evolución. Y que un orden superior, un mundo superior, esperan nuestro ingreso en su seno. Para ello se hace preciso abandonar la seguridad del orden anterior y vivir revelaciones, choques, sacudidas que despierten la consciencia.

Este tono te proporciona la energía del cambio y la mejora del servicio. Te permite abandonar lo que no sirve en tu vida. Te ayuda a eliminar las sucesivas capas de tu personalidad que no sirven para tu evolución, y así ir hacia algo nuevo y llegar a tu esencia verdadera.

Déjate llevar por esta energía liberadora para liberarte, deja que abandonen tu vida las estructuras, los modelos, las creencias y las imágenes para lograr que tu Yo real ilumine todo lo que hay en tu entorno. ¡Examina esa energía liberadora sincronizada con el flujo de la vida! Observa cómo, atravesando tus límites y tus resistencias, abre un espacio para una sabiduría mucho mayor. Abandona lo complejo para ir hacia lo simple. Si logras derribar tus murallas emergerá una verdadera iluminación de tu Yo. Entonces brillarás como una estrella en el cielo.

TONO 12: Lahat

TAMBIÉN LLAMADO «CRISTAL» EN EL CALENDARIO DE LAS 13 LUNAS

El 12 une los componentes individuales de las estructuras en un Todo universal, en una cooperación fluida y eficaz. Simboliza el fin de un ciclo, su asimilación y el pasaje hacia un nuevo ciclo, con una nueva comprensión del posicionamiento individual en el seno colectivo. Simboliza también la polarización del equilibrio orgánico merced al cual cada especie alcanza su propio nivel de frecuencia armónica. Esta polarización genera fuerzas que permiten la conservación de los organismos vivos, de los que la Tierra forma parte, en forma de cooperación simbiótica. De ese modo los organismos cooperan entre sí como especie.

El duodécimo tono te pide que seas extravertido y que te expandas, que te vincules a los otros seres humanos y que tomes conciencia de que eres una unidad compuesta de una multitud de elementos. También te reclama que unas el conjunto de elementos en tu centro. Si logras conciliar las polaridades en tu interior, las dos facetas de una misma situación, así como todos los aspectos de tu ser, de una persona y de las cosas, entonces llegas a unir en ti todo lo que permanecía desunido y, acto seguido, a acceder, en tu fuero interno, a la totalidad, tal y como una gota de agua inmersa en el caudal de un río vuelve al océano que la vio nacer.

Abre tus percepciones y sé consciente de que cada parte es un pequeño pedazo del gran Todo. Sal de tus límites modificando tus puntos de vista y estimulando tu sensibilidad. Encuentra tu equilibrio en tu propio interior y celebra todo lo que te aporta vida y alegría. Reclama la sabiduría, la fuerza de la fe y la estabilidad que te pertenecen para llegar a ofrecer un mejor servicio a todos los seres. Entonces podrás contribuir a aliviar los sufrimientos y las miserias del mundo, así como a participar en una obra colectiva. También lograrás sentirte plenamente integrado en el flujo eterno de la vida en armonía con los ciclos del universo.

TONO 13: Oxlahun

El 13 va más allá de los flujos de la vida, de la muerte, de la creación y de la destrucción de los sistemas y de las estructuras para integrar el gran plan cósmico multidimensional. Genera una visión trascendental y permite un salto cuántico hacia un nuevo proyecto. Ofrece todas las posibilidades de experiencia, de transformación, y permite la Ascensión hacia la Fuente.

Este tono te pide que expandas tu consciencia hasta englobar a todos los seres de esta Tierra para compartir con ellos tus conocimientos, tu alegría y tu amor. Presta atención a los cambios inesperados que pueden producirse en tu vida, los que te hacen cambiar de rumbo, y que te ofrecen nuevas y mejores aberturas.

Tu vida está hecha de transformaciones y de cambios. Un día te encuentras en un lugar, en una situación; después la situación llega a su fin y creas una nueva. Date cuenta de las sincronicidades que se manifiestan, permanece abierto y flexible para permitir que se manifiesten los cambios de frecuencia que conducen a la trascendencia. No te resistas a los cambios, ya que te guiarán hacia una expansión de consciencia en la que lograrás hallar la paz y la armonía.

Comparte tus logros, tu armonía y tu alegría interior con los demás. Déjate tocar y guiar por la mano del destino, acompásate a su movimiento permaneciendo abierto a las oportunidades. Entonces lograrás ayudar a las personas que se cruzan en tu camino para que avancen hacia su verdad profunda, contribuyendo, de ese modo, a hacer evolucionar las consciencias.

Las 13 etapas del camino de evolución

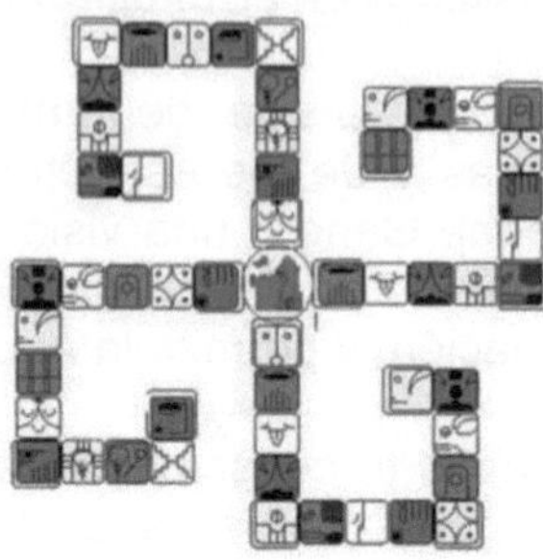

El camino de evolución —u onda encantada— de los mayas indica tu recorrido hacia ti mi mismo para servir al universo y realizarte de una forma concreta, en la vida y en la acción, en trece etapas. Estas trece etapas, o casillas, están compuestas de los 13 tonos que vimos anteriormente. Se disponen como aparece en la página anterior partiendo del centro. En general, se considera que el camino de identidad está ligado al glifo central de la identidad, pero también podemos realizarlo a partir de los cuatro glifos que rodean al glifo de identidad. Entonces obtenemos la figura que aparece más arriba. Hemos tomado como ejemplo el camino del Sol.

ETAPA 1

El primer glifo describe cómo puedes encarnar la vibración de tu verdad profunda, lo que has venido a hacer en la Tierra, lo que has venido a experimentar y cuál es tu proyecto de vida.

EJEMPLO: EL SOL EN LA CASILLA 1

Has venido a la Tierra para encarnar tu ideal y lo mejor de ti mismo en todo momento. Puedes hacerlo merced a tu poderosa voluntad, a tu confianza en ti mismo, a tu capacidad de organización y de gestión, a tu deseo de ser una luz para los demás y a tu capacidad para definir claros objetivos y después concretizar tu visión. Estás aquí para tomar conciencia de que eres la luz encarnada y el hijo del Sol.

EJEMPLO: EL CUCHILLO–ESPEJO EN LA CASILLA 1

Estás en la Tierra para tomar conciencia del orden eterno del mundo, para practicar una disciplina de vida, para construir tu templo interior buscando activamente tu verdad profunda, para ser un guerrero capaz de desligarse de las energías negativas gracias al discernimiento, y para experimentar tus grandes capacidades de organización.

ETAPA 2

El segundo glifo describe tus obstáculos, tu desafío y lo que te enseñan tus relaciones.

EJEMPLO: EL DRAGÓN EN LA CASILLA 2

Tus desafíos y obstáculos están aquí ligados a tu capacidad de experimentar el regalo de «Ser» en el silencio, en la fe y en la compasión, libre de cualquier pensamiento, completamente instalado en el momento presente, en un completo estado de soltar lastre, permaneciendo siempre en movimiento pero también encontrando el alimento que te eleva a un estado superior. Puedes hallar dificultades para tener confianza en que la vida te proporcionará todo lo que necesitas, para ver que no existen los errores, sino tan solo experiencias y enseñanzas, para creer que mereces los regalos de la vida y para aceptar los obsequios que te ofrecen. Entonces puedes tener tendencia a dar demasiado. En ese caso, debes aprender a encontrar tu verdadero valor y a expresar tu verdad, tus verdaderos deseos y tus sueños.

EJEMPLO: LA TORMENTA EN LA CASILLA 2

Tus desafíos y obstáculos están aquí ligados a la dificultad de tomar riesgos en la vida, con la dificultad de transformarte, con el miedo a perderlo todo si te lanzas hacia lo desconocido, con el sentimiento de separarte de todo y quedar desconectado de la vida, con la dificultad para hacer un buen uso de tu fuerza y de tu poder de transformación, con la dificultad para perdonar y vivir en la disciplina que te permita canalizar tu energía y, así, alimentar tu consciencia.

ETAPA 3

El tercer glifo describe lo que te motiva para actuar, la energía que te pone en acción, el modo en el que puedes servir a los demás, cómo puedes aportar un mejor servicio a la Humanidad y las herramientas que se encuentran a tu disposición para alcanzar tus objetivos de servicio altruista.

EJEMPLO: EL VIENTO EN LA CASILLA 3

Puedes servir a la Humanidad gracias al conocimiento, a través de ejercicios de respiración que te permiten dominar tu dimensión mental o por medio de la meditación, todo lo cual te permite sentir la unidad existente con tu Yo superior.

EJEMPLO: EL SOL EN LA CASILLA 3

Puedes servir a la humanidad gracias a tu deseo y a tu capacidad para encarnar lo mejor de ti mismo en todo momento, para ser una luz para los demás, para concretizar tu visión y una disciplina que te permita tomar conciencia de que eres la luz encarnada.

ETAPA 4

El cuarto glifo describe la forma y la medida de tus acciones y de tu camino espiritual. Describe, igualmente, la manera en la que puedes vincularte a la materia, concretizar, dar forma y vivir la estabilidad.

EJEMPLO: LA NOCHE EN LA CASILLA 4

Puedes concretar, estabilizarte y gestionar el mundo de las formas prestando especial atención a tus sueños e intuiciones, aceptando la abundancia en todos los niveles de tu vida y generando la abundancia a tu alrededor, cualquiera que sea la naturaleza de dicha abundancia.

EJEMPLO: EL DRAGÓN EN LA CASILLA 4

Puedes concretar, estabilizarte y gestionar el mundo de las formas merced a tu capacidad para experimentar el regalo de «Ser» en el silencio, en la fe y en la compasión, libre de cualquier pensamiento, instalado de forma plena en el momento presente, en un completo estado de soltar lastre, permaneciendo siempre en movimiento pero también hallando el alimento que te eleva a un estado superior. Eres capaz de volar libremente por los aires, de dejarte llevar por las corrientes, y de escupir fuego cuando resulta necesario.

ETAPA 5

El quinto glifo describe tu objetivo central, la forma en la que puedes desencadenar la acción a través de un ideal, la manera en la que puedes mejorar tu autoridad dominando las situaciones y la forma en que puedes otorgar poder a tu luz para que se exprese y, de ese modo, ejercer tu poder personal.

EJEMPLO: EL GRANO EN LA CASILLA 5

Tu ideal y tu objetivo central pueden realizarse si aprendes a gestionar tu vida como un proyecto, del mismo modo que un grano se convierte en un árbol, obrando para hacer florecer los seres y las situaciones hasta su consecución última, merced a tus capacidades de organización.

Tu ideal y tu objetivo central pueden realizarse accediendo al conocimiento, por medio de ejercicios de respiración para dominar tu dimensión mental y a través de la meditación que te permite sentir la unidad con tu Yo superior.

ETAPA 6

El sexto glifo describe cómo puedes adaptarte, organizarte para hallar un mejor equilibrio, cuál es tu ritmo y cómo puedes encontrar tu cadencia. También describe cómo equilibrar las energías masculinas y femeninas para encarnar el Paraíso en la Tierra.

EJEMPLO: EL MONO EN LA CASILLA 6

Tu organización cotidiana y tus ritmos dependen de tu inteligencia, de tu habilidad y de tu humor. La vida es un juego, ¡pero debes tener cuidado para no perderte tras tus diferentes máscaras!

EJEMPLO: LA NOCHE EN LA CASILLA 6

Puedes optimizar tu organización cotidiana y tus ritmos prestando especial atención a tus sueños y a tus intuiciones, aceptando la abundancia en todos los niveles de tu vida y generando la abundancia a tu alrededor, cualquiera que sea la naturaleza de dicha abundancia.

ETAPA 7

El séptimo glifo describe cómo puedes desarrollar una acción justa, cómo puedes vivir una relación armoniosa y equilibrada con el universo, qué revela tu equilibrio y cómo puedes regular tu servicio en función a las necesidades de los demás.

EJEMPLO: EL PUENTE EN LA CASILLA 7

Puedes vivir una relación equilibrada con el universo y con los demás merced a la exploración de lo desconocido, por medio del dominio del arte de la transformación, gracias a tu inteligencia relacional y a tu capacidad para concebir tu existencia terrestre desde el punto de vista de la eternidad, esto es, integrando la consciencia de la vida después de la muerte.

EJEMPLO: EL GRANO EN LA CASILLA 7

Puedes vivir una relación equilibrada con el universo y con los demás aprendiendo a gestionar tu vida como un proyecto, del mismo modo que un grano se convierte en árbol, y actuando para hacer florecer los seres y las situaciones hasta su culminación gracias a tus capacidades de organización.

ETAPA 8

El octavo glifo describe cómo contactar y expresar tu verdad profunda, cómo te puedes transformar para convertirte en lo que eres eternamente, cómo ir hacia la armonía interior, cómo ser justo en relación con tu plan de vida y cómo vivir en lo que crees.

EJEMPLO: LA MANO EN LA CASILLA 8

Puedes hacer lo que te propones gracias a tu inteligencia, a tu capacidad para crear y utilizar herramientas y técnicas, a tu habilidad para dominar el mundo de la materia, a tu sentido de la belleza, a tus conocimientos en el dominio de la higiene y de la salud, y a tu capacidad de vivir en la gracia.

EJEMPLO: LA SERPIENTE EN LA CASILLA 8

Puedes hacer lo que te propongas transformándote a lo largo de tu vida, teniendo práctica en el uso de las energías sutiles y de la Kundalini[1], accediendo al conocimiento gracias a tu búsqueda, purificándote, practicando salidas de tu cuerpo para explorar el más allá y teniendo un cuerpo sano y vigoroso.

ETAPA 9

El noveno glifo describe cómo dar un sentido espiritual o cósmico a tu vida, cómo exteriorizar tu luz interior y cómo realizarte.

EJEMPLO: LA ESTRELLA EN LA CASILLA 9

Puedes alcanzar tus objetivos gracias a tu inteligencia relacional, a tus relaciones, a tu sentido de la belleza y a tu sentido del orden de las cosas.

EJEMPLO: EL PUENDE EN LA CASILLA 9

Aquí puedes hacerlo gracias a la exploración de lo desconocido, por medio del dominio del arte de la transformación, de tu inteligencia relacional y de tu capacidad para considerar tu existencia terrestre desde el punto de vista de la eternidad, esto es, integrando la consciencia de vida después de la muerte.

---

[1] Nota del traductor (NT): en el marco del hinduismo, la kundalini es una energía invisible e inmedible representada por una serpiente (o a veces por un dragón), que duerme en la columna vertebral, y se despierta en el muladhara (el primero de los chakras —los siete círculos energéticos—, que está ubicado en la zona del perineo). Se dice que al despertar esta serpiente, el yogui controla la vida y la muerte.

ETAPA 10

El décimo glifo describe cómo puedes realizar tu destino produciendo cosas, cómo construir y concretar tus objetivos de vida, cómo puedes evolucionar y perfeccionarte, y cómo puedes alcanzar tu cima y manifestar tus logros.

EJEMPLO: LA LUNA EN LA CASILLA 10

Construirás y realizarás tu destino gracias a tus emociones y a tu intuición, liberándote de los vínculos de fidelidad familiar, experimentando relaciones emocionales íntimas que puedes vivir con los demás, y por la práctica de una disciplina que te permita meditar.

EJEMPLO: LA MANO EN LA CASILLA 10

Construirás y realizarás tu destino gracias a tu inteligencia, a tu capacidad para crear y utilizar herramientas y técnicas, para dominar el mundo de la materia, para vivir en la gracia, por tu sentido de la belleza y por tus conocimientos en el campo de la higiene y la salud.

ETAPA 11

El undécimo glifo describe cómo puedes clarificar tu vida, cambiarla para mejorar, liberarte y liberar a los demás, así como lo que debes dejar de lado para poder expresar tu especificidad, para ser libre y feliz.

EJEMPLO: EL PERRO EN LA CASILLA 11

Puedes liberarte y expresar tu especificidad gracias a tu corazón, a la expresión de tu corazón, amparando en tu corazón el amor, por medio de la creación de relaciones privilegiadas, y gracias a tu capacidad para otorgar sentido a lo que haces.

EJEMPLO: LA ESTRELLA EN LA CASILLA 11

Puedes liberarte y expresar tu especificidad merced a tu inteligencia relacional, a tu sentido de la belleza, a tu sentido artístico y a tu consciencia del orden de las cosas.

ETAPA 12

El duodécimo glifo describe cómo puedes ir más allá de tus límites y vivir un renacimiento tras la asimilación y la comprensión intuitiva, cómo puedes compartir y cooperar con el resto de la Humanidad, cómo puedes inspirar la cooperación y los poderes que tienes a tu disposición para hacer progresar a la Humanidad.

EJEMPLO: EL MONO EN LA CASILLA 12

Puedes lograr tus objetivos gracias a tu inteligencia, a tu habilidad y a tu humor. La vida es un juego, ¡pero debes tener cuidado para no perderte tras tus diferentes máscaras! Y para ello necesitarás someter a tu dimensión mental por medio de la meditación.

EJEMPLO: LA LUNA EN LA CASILLA 12

Puedes alcanzar tus metas experimentando tus emociones y tu intuición, liberándote de los vínculos de fidelidad familiar, experimentando relaciones emocionales íntimas que puedes vivir con los demás y por la práctica de una disciplina que te permita meditar.

ETAPA 13

El decimotercer glifo describe cómo puedes superarte, cómo terminar un ciclo y preparar uno nuevo, cómo abandonarte a tu esencia divina, cómo puedes acceder a la trascendencia y a la Ascensión, a tu verdad profunda y a las verdades supremas, cómo anclarte en la espiritualidad y hacer que perdure la presencia de la alegría en tu corazón, y cómo puedes difundir tu amor incondicional y tu alegría divina.

EJEMPLO: EL HUMANO EN LA CASILLA 13

Puedes acceder a tu esencia divina gracias a tu sentido de la amistad, siendo una persona libre y feliz, poniendo tu inteligencia técnica y psicológica al servicio de la humanidad por medio de la práctica de la meditación.

EJEMPLO: EL PERRO EN LA CASILLA 13

Podrás acceder a tu esencia divina a partir de la expresión de tu corazón, alimentando tu amor, por medio de la creación de relaciones privilegiadas y de tu capacidad para otorgar sentido a todo lo que haces.

El mensaje de los 9 Señores de la Noche

La presencia repetitiva y cíclica de los 9 dioses, denominados Bolon Ti Ku, se testifica en muchas inscripciones mayas, aztecas y toltecas. Sin embargo, se conocen pocas cosas acerca de los «Señores de la Noche».

Actualmente se reconoce que los «Señores de la Noche» forman parte de la astrología meso–americana y, por lo tanto, también tolteca, maya y azteca. Reinan en los mundos invisibles próximos a la Tierra, y la Humanidad debe hacerles frente para hallar la consciencia de la vida eterna. El Señor de la Noche es entonces la sombra que debes integrar para encontrar tu centro galáctico.

El «Señor de la Noche» completa el «glifo de identidad» en el centro de la cruz maya y la intención del día de nacimiento. Arroja luz sobre tu inconsciente. Revela tendencias inconscientes activas —y desconocidas por los individuos— en ciertos dominios de nuestras vidas, tendencias que pueden resultar evidentes para nuestro entorno social y familiar, pero no para nosotros.

No conocemos los nombres mayas de los «Señores de la Noche», por lo que se referencian por códigos: de G-1 a G-9. Sin embargo, sabemos sus nombres aztecas. Basta realizar una búsqueda en internet para calcular cuál es tu «Señor de la Noche», por ejemplo en el sitio:

http://www.xzone.com.au/maya/login.php?querystring=&ret_page=%2Fmaya%2F

Señor de la Noche G-1

Divinidad azteca: Xiuhtecutli (dios del fuego).
Dirección: Centro.
Palabras clave: Energía y Entusiasmo.

Este poderoso Señor gobierna el fuego. Las personas nacidas en los días G-1 viven en el instante presente siguiendo los impulsos de su corazón. Son francas, directas, activas, a veces autoritarias, y pueden tener tendencia a provocar conflictos. Sienten la necesidad de la pasión, de permanecer en el lugar concreto de los acontecimientos. Como también necesitan intensidad, sus vidas pueden comportar acontecimientos fuertes, incluso violentos.

Sus cualidades son el dinamismo, el espíritu de empresa, el entusiasmo y la capacidad para desempeñar un rol motor en el seno de un grupo.

Como aspectos negativos, suelen tener una necesidad incontrolable de imponerse. Pueden ser muy egoístas, hirientes y, en ocasiones, tiránicas.

Las personas G-1 deben adquirir competencias de liderazgo para canalizar su carácter e inspirar a los demás. También deben aprender a ser más receptivas a la forma en que las perciben los demás, comprender cómo actuar según las normas sociales y cuidar a la civilización para no suscitar reacciones negativas.

El liderazgo es uno de sus mayores desafíos. Por ello, la relación con el padre desempeña un papel muy importante para las personas G-1. El padre suele condicionar el aprendizaje en ese aspecto. Cuando logran canalizar su energía de forma constructiva, son capaces de llevar a cabo grandes realizaciones y de vivir hermosas aventuras.

Señor de la Noche G-2

Divinidad azteca: Itzli (el cuchillo sacrificial).
Dirección: Este.
Palabras clave: Responsabilidad y Sacrificio personal.

Las personas G-2 son inteligentes, vivaces de espíritu, muy organizadas, responsables y sensibles a los detalles. Tienen un desarrollado sentido del servicio, pero a veces pueden ser testarudas, obstinadas e, incluso, obsesivas. Necesitan sentirse útiles y otorgar un sentido a su vida.

Normalmente su vida está centrada en su trabajo. Son trabajadores infatigables, hasta el punto de que pueden tener tendencia a hacer demasiado o a sacrificar su vida personal y sus deseos profundos en provecho de su misión, de su trabajo o de las necesidades de los demás.

No se valoran suficientemente, y su primera reacción consiste en permanecer en un segundo plano para que los demás se afirmen. No buscan mandar, y suelen escoger puestos de trabajo en los que se reciben órdenes.

Son agradables, serviciales, conciliadoras, respetuosas y sociables. Su principal defecto consiste en olvidarse de sí mismas, de sacrificarse —en ocasiones inútilmente—, en no tener demasiada conciencia de su valor y en no atender lo suficiente a sus propias necesidades.

Señor de la Noche G-3

Divinidad azteca: Pilzintechutli (dios del sol).
Dirección: Este.
Palabras clave: Necesidad de respeto, de seguridad y de reconocimiento.

Las personas G-3 son bien organizadas, exigentes, comprometidas, perseverantes, responsables y, a veces, demasiado serias.

Tienen grandes capacidades de trabajo, saben fijarse objetivos a largo plazo y son capaces de trabajar duro para alcanzar sus metas.

Dan mucha importancia a los estudios y al aprendizaje. Tienen un desarrollado sentido de la investigación y de la elaboración de documentos escritos. A veces tienen tendencia a investigar y a informarse por sus propios medios antes que de hacerlo por medio de sus relaciones. Uno de sus desafíos en la vida consiste en apropiarse de sus conocimientos y de adquirir maestría convirtiéndose ellas mismas en una autoridad en su dominio.

Necesitan la verdad, el respeto y el reconocimiento por la calidad de su trabajo. Todo ello las lleva, en ocasiones, a ocupar puestos de responsabilidad. Tratan de mejorar constantemente y de ir más lejos. Necesitan el reconocimiento de los demás por el trabajo que llevan a cabo. Sin embargo, pueden desarrollar su actividad a la sombra de otra persona, ya sea un padre u otra figura de autoridad.

Sus problemas proceden de un profundo sentimiento de inseguridad, de la dificultad para tener confianza en sus aptitudes y a una tendencia a juzgarse por ellas mismas, a culpabilizar y a juzgar a los demás. En ocasiones descuidan a la gente y a las relaciones humanas. También pueden tomar decisiones pragmáticas para llevar a cabo su labor sin tomar en cuenta las consecuencias humanas.

Las personas G-3 también pueden tener una vida emotiva y sentimental irracional, lo que puede dejar perplejas a las personas que las rodean.

Señor de la Noche G-4

Divinidad azteca: Quintet (dios del maíz y de la subsistencia).
Dirección: Norte.
Palabras clave: Protección y Comunicación.

Las personas G-4 tienen una necesidad compulsiva de comunicarse, de espacio, de permanecer vinculadas a los demás y de cuidarlos. Se adaptan fácilmente a su entorno, lo que las predispone a los oficios de la comunicación, a las actividades médicas y a la enseñanza.

Muy emotivas, se angustian con facilidad, son nerviosas y agitadas. Sienten miedo de la vejez. Necesitan expresar lo que sienten y hablan mucho. Sus instintos de protección de los niños son muy poderosos, y deben hallar medios sanos para expresar su naturaleza y no ser, de otro modo, demasiado opresoras.

Sus dificultades pueden proceder de una actividad mental desbordante, de una tendencia a la dispersión y de estar centrado en el exterior más que en ellas mismas.

Señor de la Noche G-5

Divinidad azteca: Miclantecutli (dios de la muerte).
Dirección: Norte.
Palabras clave: Sensibilidad y Susceptibilidad.

Este Señor se sitúa en el centro de los nueve Señores. Las personas G-5 son apasionadas y están centradas en ellas mismas. Necesitan ser reconocidas, valoradas, admiradas, así como expresarse y permanecer en la parte más visible del escenario, en el corazón de los acontecimientos. Necesitan autenticidad, un ideal, un absoluto, y dar lo mejor de ellas mismas. Precisan dominar y controlar los acontecimientos.

Sus dificultades provienen de un cierto egoísmo, de una tendencia a ser autoritarias y a utilizar a los demás para lograr sus propios objetivos. Necesitan relaciones privilegiadas y se comprometen al 100% en ellas, pero en ocasiones suelen alimentar conflictos y quieren dominar a los demás, lo que provoca dificultades relacionales. Son muy sensibles a su imagen, y muy susceptibles.

Su idealismo, su búsqueda de perfección y su dificultad para sentirse satisfechos les expone a decepciones y desilusiones. Frecuentemente deben alimentar esperanzas más realistas, aprender a tener en cuenta las necesidades de los demás, ser más tolerantes y no imputar a los otros la responsabilidad de sus dificultades relacionales.

Las cualidades de su corazón, su generosidad y sus capacidades de compromiso les permiten vivir hermosas relaciones. Su combatividad, así como su capacidad para gestionar los conflictos, les permiten tener una visión global de la situación y transformar los acontecimientos. Por último, su sentido de la gestión les posibilita acceder a puestos directivos.

Señor de la Noche G-6

Divinidad azteca: Chalchiuhtlicue (diosa del agua de jade).
Dirección: Oeste.
Palabras clave: Independencia y Deseo de reconocimiento.

Las personas G-6 son sencillas, pragmáticas, activas, responsables, exigentes, muy independientes y con una gran necesidad de espacio y de libertad.

Necesitan controlar su vida y, frecuentemente, las de los demás. Son autónomos y autosuficientes, y a menudo desempeñan oficios independientes como consejeros, consultores o expertos en algún dominio.

Son muy sensibles a la calidad de su trabajo. Tratan de alcanzar un nivel de experto y prestigio en su área de actividad. También son muy sensibles a los valores femeninos, a la naturaleza y a los ciclos naturales de la vida.

Bien anclados en la materia, a veces materialistas, sienten un fuerte deseo de construir cosas, y trabajan muy duro para ganar dinero. Son paradójicas en sus relaciones con los demás, ya que si les gusta trabajar con un determinado público, y si necesitan ser reconocidas y aceptadas por los demás, tienen tendencia a creer que su propia felicidad no depende más que de ellas mismas, y que los demás son más bien sinónimos de inseguridad y de complicaciones.

También pueden dar la impresión de que no otorgan demasiada importancia a las personas, y de que los demás están ahí tan solo para satisfacer sus ambiciones personales cuando, en realidad, tienen una intención sincera de ayudar a los demás y de aportarles felicidad.

Señor de la Noche G-7

Divinidad azteca: Tlazolteotl (diosa de la confesión).
Dirección: Oeste.
Palabras clave: Refinamiento y Sexualidad.

Las personas G-7 están vueltas hacia los demás, hacia la creación de vínculos sociales, y necesitan participar en la civilización. Tienen sensibilidad artística y musical, una gran sensibilidad a la belleza, y facilidades para comprender el funcionamiento psicológico del ser humano.

Necesitan equilibrio y armonía, y tienden a huir de las situaciones violentas. Tienen un agudo sentido de la justicia, así como un juicio moral muy presente. Disponen de facilidades naturales para enseñar, para aconsejar, para ayudar a los demás y para trabajar con público.

Como están centradas en los demás y en sus relaciones, no saben siempre escuchar sus deseos personales o gestionar su mundo interior. Pueden tener dificultades para gestionar sus instintos sexuales y sus pulsiones, ya que tienen la impresión de que todo ello las desequilibra.

Tratan de controlarse y se sienten culpables cuando no lo logran. Entonces pueden tener tendencia a castigarse y a sabotear sus propias acciones.

Reprimen naturalmente sus deseos y sus pulsiones para no perturbar su vida social, pero a veces tienen comportamientos duros o impulsivos que sorprenden a su entorno, comportamientos que pueden crear conflictos relacionales. Algunas personas G-7 se dedican en cuerpo y alma a su trabajo o a una actividad artística para canalizar su energía y sus pulsiones.

A menudo tienen tendencia a querer controlar su entorno. Cuando logran canalizar su energía en un proyecto, son capaces de grandes realizaciones y de aportar una preciosa ayuda a los demás, contribuyendo así al progreso de la civilización.

Señor de la Noche G-8

Divinidad azteca: Tepeyollotl (dios Jaguar).
Dirección: Sur.
Palabras clave: Lucidez, Movimiento y Vivacidad de Espíritu.

Las personas G-8 son profundas y complejas. Permanecen ancladas en su vida interior, con un poder personal fuerte, como si tuvieran conciencia de su dimensión eterna. Muy vivas de espíritu y reactivas, tienen una necesidad compulsiva de expresar lo que sienten.

Reaccionan a los estímulos de forma rápida, y a veces exagerada. Necesitan espacio, saben mostrarse dinámicas y se adaptan fácilmente a cualquier entorno. Pueden tener un vínculo particular con la muerte y el más allá.

Dotadas de una fuerte sensibilidad, en ocasiones tienen tendencia a focalizarse en las dificultades, en el lado oscuro de la naturaleza humana. A veces pueden alimentar una cierta negatividad. Son muy sensibles a las cuestiones de seguridad, y como sienten terror de sentirse manipuladas por los demás, les cuesta establecer relaciones felices. Con frecuencia se encuentran en lucha contra las angustias y los pensamientos negativos, tanto los suyos como los de otras personas.

Su misión principal consiste en lograr la transformación de su lado oscuro, de poner su elevado poder personal al servicio de la vida y de realizar un camino que les permita vivir relaciones basadas en la confianza y el reparto. Pueden canalizar su profundidad y su lucidez en el oficio de psicoterapeuta, de psicólogo, de consejeros, como encuestadores o en actividades relacionadas con la seguridad.

Señor de la Noche G-9

Divinidad azteca: Tlaloc (dios de la Lluvia).
Dirección: Sur.
Palabras clave: Independencia y Autosuficiencia.

Las personas G-9 son muy sensibles, emotivas, solitarias, determinadas, impacientes, están dotadas de una fuerte personalidad y permanecen muy centradas en ellas mismas o en su pasado. Están muy influidas por su memoria genealógica y frecuentemente deben trabajar en su pasado y en el sufrimiento para hallar un mejor equilibrio. Necesitan tranquilidad, soledad y trascendencia.

Tienen una gran capacidad para el trabajo, pero prefieren trabajar solas, ser independientes, autosuficientes, y no deber nada a nadie. A veces les gusta acumular objetos, generalmente colecciones u objetos de valor. Son muy sensibles a la naturaleza, lo que les permite cargar las pilas.

Su punto débil consiste en la dificultad para establecer relaciones humanas equilibradas. También tienen dificultad para delegar y pedir ayuda. Su forma de ser se interpreta a veces por los demás como un rechazo. Deben comprender la importancia de la civilización, de los vínculos sociales, y aprender a desarrollar la tolerancia y la compasión. Cuando eso ocurre, pueden aportar mucho a los demás.

Explicación astronómica de la cruz galáctica de junio de 1998 y de 2012

La única referencia arqueológica que contenga el año 2012 es una inscripción maya que data de la segunda mitad del siglo VII, en un monumento del yacimiento arqueológico de Tortuguero, en el Estado de Tabasco, Méjico. El texto termina con una referencia a la fecha «4 Ahau 3 Kankin'» (que corresponde a 2012 con la constante de correlación GMT), e indica que entonces «intervendrá» la divinidad «Bolonyokte», dios de 9 pies, que corresponde al planeta Marte, el Dios de las empresas, pero también de la guerra.

Existe un ciclo basado en el eje Tierra–Sol de 26.800 años en el que nos vamos a detener brevemente. Durante cada período de 26.800 años se produce dos veces un fenómeno astronómico, esto es, un fenómeno cada 13.400 años. Dicho fenómeno está asociado a grandes trastornos. En concreto, el eje Tierra–Sol y el eje Sol–Centro Galáctico forman un eje de 90 grados. La astronomía moderna descubrió el centro galáctico entre 1990 y 2010. En 2012 se encontraba a 5º de la constelación de Sagitario. Para los mayas el Sol representa la conciencia personal, en tanto que el Centro Galáctico representa la consciencia galáctica. El ángulo de 90º representaba un desafío y grandes trastornos.

Una persona poco informada concluyó entonces que ése sería el fin del mundo. Tal y como lo describe Richard Bach de forma poética en su libro *Ilusiones*, «lo que la oruga llama el fin del mundo, el Maestro lo llama Mariposa».

Eje Tierra–Sol — Ciclo de 25.800 años

La relación Tierra–Sol se caracteriza por un sutil equilibrio entre la gravedad del Sol —que atrae a la Tierra hacia sí— y el movimiento de la Tierra alrededor del Sol —que la mantiene en su órbita—.

La Tierra está inclinada 23°27 en relación al Sol, lo que significa que el ecuador de la Tierra está unas veces por encima del ecuador del Sol, y otras por debajo, pero también que los dos ecuadores se cruzan dos veces por ciclo de una rotación de 365 días. Ha quedado definitivamente establecido que el comienzo del ciclo de rotación de la Tierra alrededor del Sol comienza en el equinoccio de primavera (para los habitantes del hemisferio norte de la Tierra).

Todo ello sucede en un lugar específico en el cielo, y dicho lugar se denomina «punto vernal». El nombre de ese momento concreto es, entonces, «equinoccio de primavera», y el nombre del espacio donde se produce es «punto vernal». En Occidente hemos descompuesto el cielo en 12 partes o signos astrológicos, y el punto vernal se produce en el comienzo del primer signo, Aries.

Los mayas sabían que dicho punto vernal estaba ligeramente desplazado, y que daba una vuelta a la Tierra en 26.800 años. Ello se debe a que la Tierra también gira alrededor suyo.

Por todo lo cual obtenemos que la Tierra gira sobre su eje en aproximadamente 25.800 años en el sentido inverso de su sentido de rotación alrededor del Sol, como consecuencia de la combinación de la fuerza de la gravedad y de la fuerza de movimiento. A dicho movimiento hacia atrás del punto vernal se le denomina «precesión de los equinoccios».

Ciclo Tierra–Sol y Punto Vernal

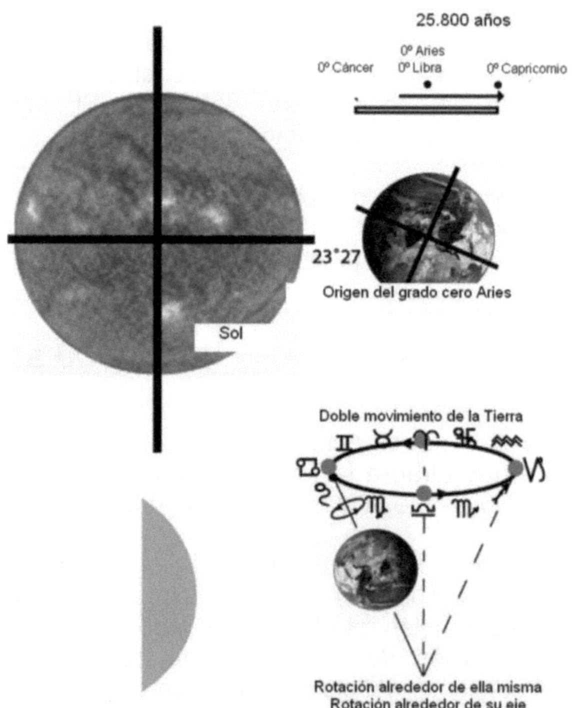

La proyección del ecuador de la Tierra cruza dos veces por año la proyección del ecuador del Sol.

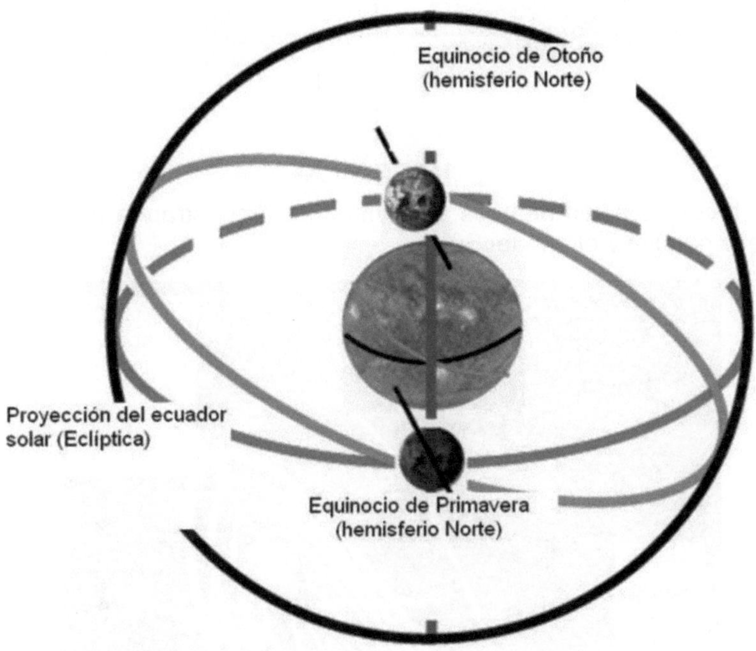

Eje Sol–Galaxia

El Sol dista aproximadamente 26.000 años luz del centro galáctico.

Se sitúa a unos 80 años luz por encima del ecuador galáctico real.

Se dirige hacia el norte de la galaxia y gira en el sentido de las agujas del reloj.

Está inclinado unos 62º en relación al eje horizontal de la galaxia.

Gira alrededor del centro galáctico en aproximadamente 240.000 millones de años.

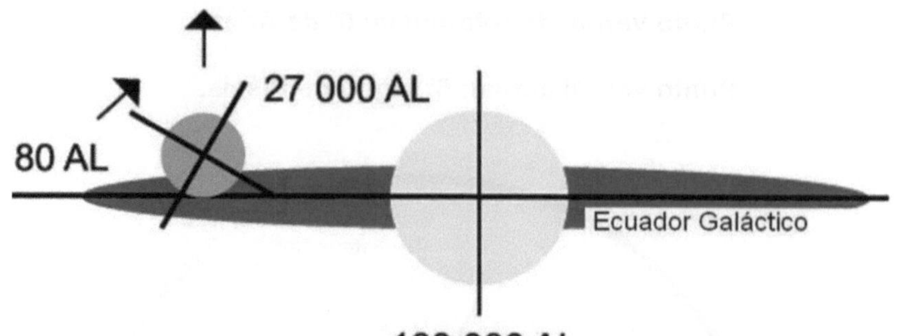

Veamos a continuación algunos esquemas que muestran la relación entre el eje de la galaxia y el eje del Sol.

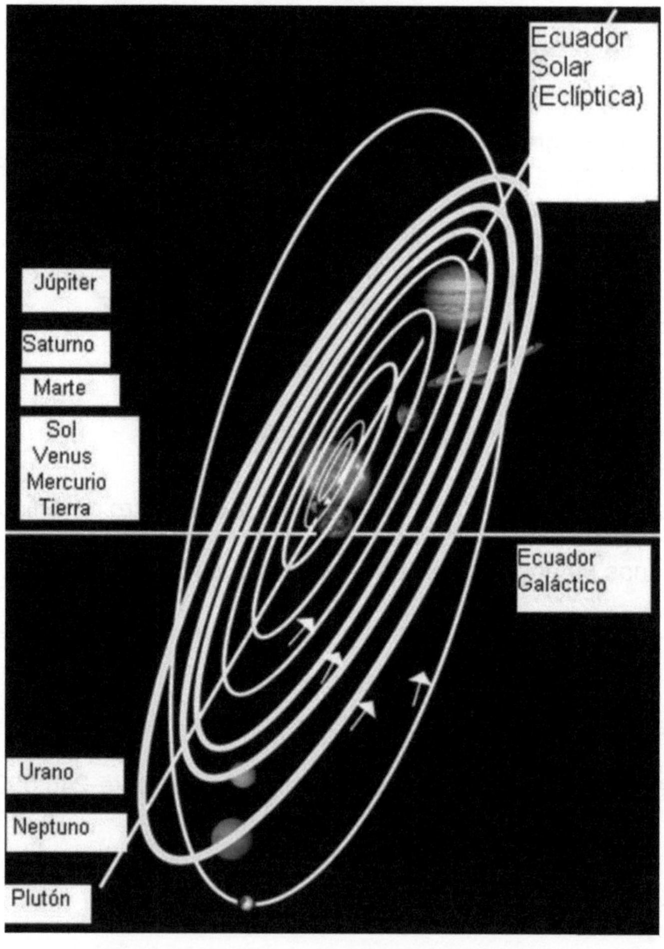

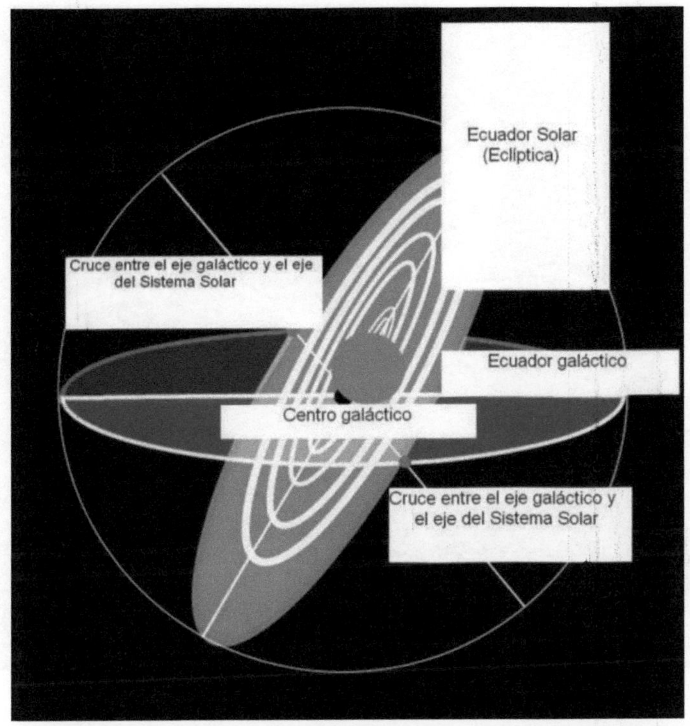

A continuación, con las constelaciones (grupos de estrellas) alrededor de la elíptica.

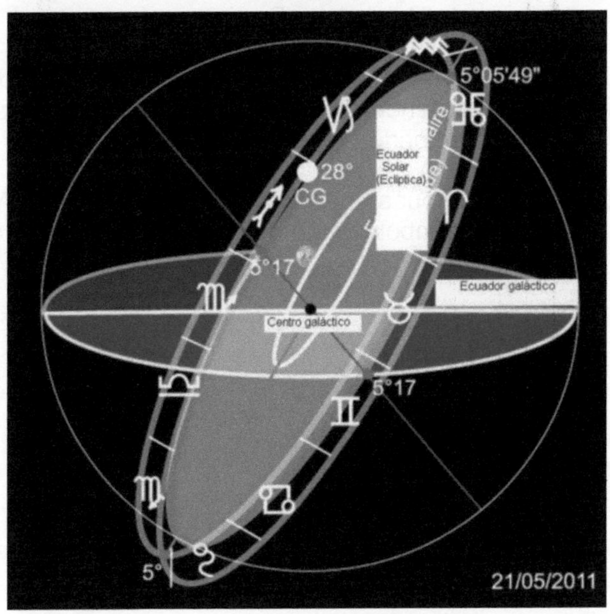

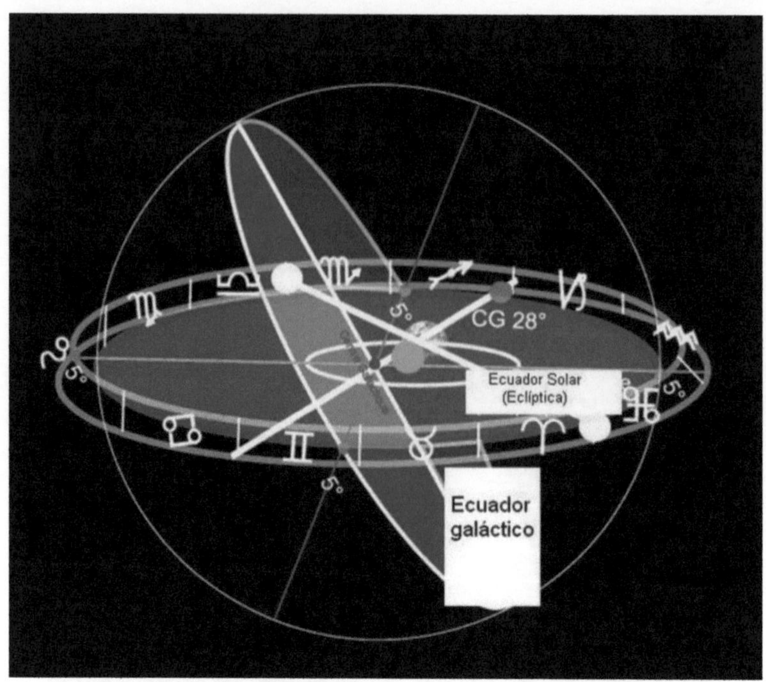

En 1998, había un ángulo de 90° entre el punto donde se crucen el ecuador galáctico y el ecuador del sistema solar, situado a 5° del signo de Sagitario, y el punto vernal, situado a 5° del signo Piscis.

Si tomamos una milésima de 13.400 años y lo añadimos a cada lado de la fecha de junio de 1998, obtenemos dos hitos de tiempo: febrero de 1985 y octubre de 2011, que se redondea a 2012.

2012 fue el primer año después que ocurrió la cruz galáctica. Así, este año fue considerara como un símbolo de fin de ciclo y de comienzo de un nuevo ciclo.

Dirección del centro galáctico
5°17'
27°
Eclíptica
Punto Vernal 2011
5°05'49"
Tierra
Punto Vernal de origen
5°05'49"
Sol
5°17'

21/05/2011

Sagitario
Plano
terrestre
5°17
Plano
galáctico
Virgo
5°05'49"
Piscis
Punto
Vernal
2011
Plano solar
5°17
Géminis

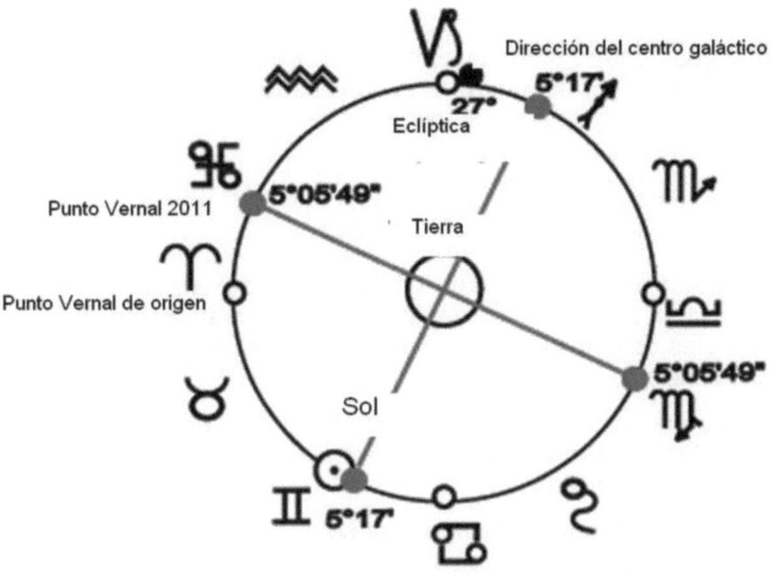

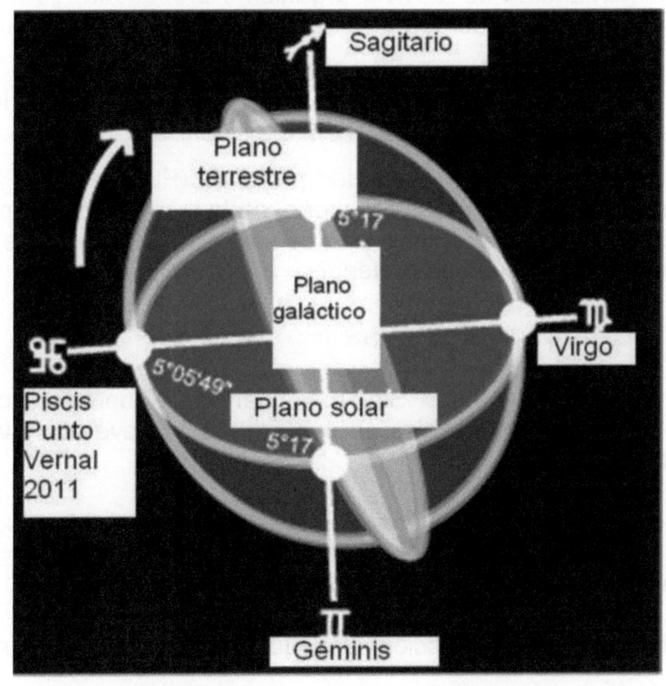

Como puedes comprobar, cada 28 de noviembre, aproximadamente, el Sol pasa a 5º de Sagitario y, por lo tanto, está «alineado» con el centro galáctico.

Mensajes de los mayas en relación con 2012

La cruz galáctica es sinónimo de aumento de la frecuencia vibratoria de todo el Sistema Solar y, por lo tanto, de la Tierra. Concretamente, se traduce por ondas u olas de consciencia, así como por una aceleración del tiempo. Pero, ¿consciencia de qué?

—Del pasado, y de que las civilizaciones que se creían eternas han desaparecido por catástrofes naturales, pero también por catástrofes provocadas por los propios individuos.

—De la presencia de otros planetas habitados por seres humanos, tanto en nuestra galaxia como en otras más distantes.

—De la necesidad de vivir en armonía con el Ser Viviente que es el planeta Tierra.

—De que la humanidad es un solo organismo procedente de una misma fuente, y que tiene el poder de vivir feliz sobre la Tierra si la utiliza con sabiduría e inteligencia.

—De la necesidad de orientar tu vida hacia un camino espiritual, de integrar una dimensión de evolución espiritual en tu existencia.

—De la necesidad de buscar tu verdad profunda (Plan de alma, memoria, conocimiento de ti mismo, salida del sueño, de la matriz, vida después de la muerte, meditación y retorno hacia una consciencia espiritual), de expresar tu poder creador y lo mejor de tu interior.

Consciencia de las fuerzas negativas:

—Sistema de dinero–deuda. Sistema financiero improductivo. Lógica financiera. Control de los pueblos por los Estados a través del dinero y de los impuestos.

—Confiscación del agua, de la energía, de la salud, de la educación y de la industria agroalimentaria por parte de las grandes empresas y de los «grupos de influencia».

—Deslocalización de la producción. Desequilibrios y desempleo en masa.

—Cambios climáticos.

—Deforestación, sobrepesca, sobreexplotación agrícola y minera.

—Riesgo de aumento del nivel de los océanos (de 2 a 60 metros).

—Escasez de los recursos (agua, petróleo, materias primas, tierras agrícolas).

—Sobrepoblación. Año 1000: 500 millones. Año 2012: 7000 millones. Previsiones para 2050: 11.000 millones.

—Riesgo de crisis alimenticias.

—Sistema basado en el miedo y en la necesidad de control para permanecer seguros.

Consciencia de las fuerzas positivas:

—Desarrollo de las consciencias. Lenta evolución hacia una consciencia del sentido de la vida.

—Cambio de visión a escala colectiva.

—Consciencia medioambiental. Rechazo de los OGM y de los pesticidas.

—Energías renovables, energía libre (Tesla) y producción de petróleo a partir de algas.

—Desarrollo de las herramientas de conocimiento de sí y de las nuevas terapias.

—Organización de los pueblos en redes de acción para salir del sistema actual y crear uno diferente (Era de Acuario).

—Necesidad colectiva de un sistema basado en la integridad, la consciencia del poder creador (y no de la dimensión mental), la capacidad para cuidarnos y cuidar de los demás, la compasión y la consciencia del orden universal.

La meditación del Sol para reconectarse con «La Fuente»

Introducción: La meditación del Sol es una práctica que permite transferir la consciencia desde el cuerpo físico —donde se encuentra generalmente— hacia el cuerpo espiritual, situado en el centro del corazón.

Se trata de un acto de concentración mediante el cual tratas de permanecer en silencio, sumergirte en lo más profundo del «yo», buscar, observar muy atentamente, darte cuenta claramente de que eres la consciencia que tiene consciencia de sí misma, que estás elaborado a partir de una materia primordial que es luz y amor, acceder al halo de luz en el centro de tu corazón y convertirte en el cuerpo de dicho halo, de ese sol interior.

Así te reconectas a «La Fuente», la Fuente de toda Vida que está hecha de Amor. Practicar esta meditación constituye una forma de vivir concreta a partir de la cual haces de tu vida una obra de arte poniendo tus capacidades al servicio del bien para, de ese modo, hacer del mundo algo mejor. La llave del éxito se encuentra en la regularidad de la práctica y en la perseverancia.

Tu primer objetivo es hallar un estado de tranquilidad, de calma plena de vida intensa, de confianza y de fe, sin agitación, sin deseo, sin impaciencia, sin anhelos, sin inquietudes, sin temores, sin resistencias, sin violencia.

Tu segundo objetivo consiste en buscar como una persona que tiene la certidumbre de encontrar porque sabe, por la fuerza de la evidencia, que algo le espera en un lugar particular, en el fondo de ella misma, y que tan solo debe despejar lo que la recubre para encontrarlo y concentrarse de forma sosegada para sumergirse en ella misma y así acceder a ese lugar preciso.

Entonces es necesario crear un espacio–tiempo consagrado a tu vida interior, ya sea por la mañana temprano, antes del cumplimiento de tus deberes terrestres, o ya sea por la noche, después de ellos. Resulta necesario haber cumplido todos los deberes y preocupaciones de tu vida cotidiana para hallar un estado de sosiego.

Después se hace preciso apagar el teléfono móvil y todo lo que haga ruido. Puedes comenzar con 5 minutos al día, después pasar a 15 o 20 minutos diarios, después a 30 o 35 minutos, después a una hora, después a dos si tienes tiempo. Si tienes imperativos horarios, puedes utilizar un despertador con una melodía agradable, pero lo mejor, si te resulta posible, es crear un espacio–tiempo en el que dispongas de todo el tiempo necesario, sin dejar de lado tus actividades en el mundo de la materia. Lograr esta meditación puede llevarte días, meses, años o toda una vida, pero la recompensa se sitúa más allá de lo que puedas imaginar.

Primera etapa: Encuentra una posición en la que tu cuerpo físico esté completamente relajado, hasta el punto de que no te des cuenta de que tu conciencia se encuentra en tu cuerpo físico. La mejor posición es la que a ti te resulte ideal. Puede ser sentado en una silla, sentado con las piernas cruzadas, en semi–loto o en loto, si te resulta posible.

La meditación en esta posición requiere que puedas permanecer sentado durante varias horas y, por lo tanto, una correcta musculatura de la espalda y, en general, un cuerpo sano y vigoroso. En cualquier caso, la espalda debe permanecer bien recta. Cuando estás bien sentado le permites a tu cuerpo respirar natural y profundamente. Cierra los ojos.

Puedes colocar tus manos sobre tus piernas o sobre tus rodillas, y poner las palmas hacia arriba.

Segunda etapa: Cuando no se ha disciplinado la dimensión mental, ésta se expresa fabricando pensamientos. El resultado es un diálogo interior que permite una cháchara permanente. Todo ello es perfectamente normal. El objetivo de esta etapa es aprender a permanecer sin pensamientos, en silencio, sin imágenes, sin sonidos, y focalizar en una parte de ti mismo lo más profundo del mundo del pensamiento.

La mala forma de llegar a dicho estado «sin pensamientos» o «sin imágenes» consiste en luchar contra dichos pensamientos e imágenes, ya que de ese modo no haces más que alimentarlos por la atención que les concedes. La buena forma consiste en decidir que, cualesquiera que sean los pensamientos o las imágenes que lleguen a ti, no tendrán importancia durante el tiempo que dure la meditación, algo así como los carteles publicitarios con los que te cruzas cuando viajas en coche y a los que no prestas una atención particular ni importancia alguna. De ese modo, los pensamientos o las imágenes se disocian progresivamente de ellos mismos y después desaparecen cuando no les prestas más atención, esto es, cuando tu atención está focalizada en otro lugar.

En un primer momento puedes escuchar muy atentamente tu respiración y el latido de tu corazón. Puedes observar si hay partes de tu cuerpo que están relajadas y si tienes sensaciones físicas. Sé una consciencia que observa atentamente y verás que entonces no tendrás más pensamientos.

Tercera etapa: Esta etapa consiste en continuar observando en silencio, focalizando tu atención en la energía que circula en ti, y después entrar en un silencio repleto de vida, en un silencio vibrante, intenso, que tiene consistencia.

Siéntete recorrido por una corriente viva de energía, en un estado de calma vibrante, de espera y de paz. Este estado de silencio se parece un poco a una estancia en un desierto o a una experiencia de inmersión submarina. Observa y escucha atentamente lo que sucede. Debes ser consciente de ti mismo no solo con tu cerebro o con tu corazón, sino con todo tu ser.

Debes llegar a sentirte en un estado de profunda calma, en el interior de ti mismo, en todo tu cuerpo, de los dedos de tus pies a la cabeza, como si tu consciencia existiera en cada lugar de tu cuerpo en tanto que chispa luminosa de consciencia. Debes tratar de sentirte un «líquido» luminoso que ocupa todo tu cuerpo físico, como si fueras el contenido luminoso de tu cuerpo físico.

El objetivo consiste en sentirte a través de la totalidad de tu cuerpo físico como un ser luminoso. Lo que buscas de ese modo a veces vibra, bien sea ligera o intensamente. Buscas una naturaleza dichosa, y será una buena señal de progreso si sientes la dicha sin razón alguna, ya que la dicha es un indicador de cambio de estado de consciencia.

Cuarta etapa: Esta etapa consiste, mediante una fe y una confianza plenas, en permanecer muy atento, consciente y alerta para sumergirte en tu interior, dejándote caer en el vacío, algo así como un buceador que se deja caer al fondo del océano, para así acceder a tu cuerpo espiritual que se encuentra más allá de un espacio relativamente oscuro y vacío.

Sé cómo un/a niño/a que sabe que un tesoro le espera en lo más profundo de sí. Tu cuerpo espiritual, que se parece a un cristal casi completamente apagado, sabe que lo estás buscando, y él mismo te guiará. A veces los colores, las imágenes o los sonidos que proceden del cuerpo físico invisible pueden atravesar tu consciencia. A veces puedes sentir una sensación de cólera o irritación. Ésa es una señal de que estás yendo a lo más profundo de ti.

La actitud justa es la misma que para los pensamientos, esto es, aceptar lo que es, no prestarle atención y, sobre todo, no combatirlo ni interpretarlo. Si el hecho de ignorarlos no permite separarse de ellos, será preciso interrumpir la inmersión en ti mismo, practicar una actividad intensa en el mundo exterior y retomar otro día la sesión de meditación.

Tan solo podrás practicarla correctamente cuando la experiencia de la inmersión en ti mismo sea natural y esté exenta de imágenes o de emociones violentas. Ninguna imagen debe perturbar tu mirada. Tu mirada ha de permanecer focalizada en el amor, la luz y la dicha. Es ahí, en ese espacio, en el que puedes experimentar la disolución de los nudos emocionales, de los bloqueos energéticos, de las memorias emocionales dolorosas y acceder a una liberación emocional.

Quinta etapa: Esta etapa consiste en situar tu consciencia en tu cuerpo espiritual. Para ello es necesario continuar sumergiéndote en el vacío, aceptar la oscuridad con la que te encuentras en momentos concretos y que a veces puede resultar escalofriante, y descender cada vez más profundamente hasta sentir una luz que al principio parece lejana, y después cada vez más cercana y luminosa.

Esta luz a veces se puede parecer a una estrella muy brillante, y ésa es la señal de que estás en el buen camino y de que debes continuar. Poco a poco, un nuevo estado de consciencia, repleto de luz, de amor y de poder, nace en ti, y tú en él.

Entonces es necesario dejarte guiar hasta que tu consciencia se sitúe en el centro de tu cuerpo espiritual. A partir de ese momento te conectas con la Fuente, y eso se hace evidente para ti. Así te conviertes en el cuerpo luminoso de la chispa de la luz y del amor que está presente en tu cuerpo espiritual. Entonces es necesario abandonar tu voluntad —que estaba separada de la Fuente que te ha creado— para sumergirte en la fuente.

Es como si hubieras reencontrado a tus padres, los padres de tu alma, y te lanzaras a sus brazos. Así te conviertes en una nueva forma de vida en un cuerpo nuevo, una forma de vida hecha de luz viva, de dicha, de amor y de poder, una forma de vida que está ligada a la Fuente de toda Vida.

Sexta etapa: La meditación concluye cuando lo que percibes disminuye, y después desaparece poco a poco. Entonces es necesario aceptar totalmente lo que te ocurre, volver a la superficie, retomar la consciencia de tu cuerpo físico y permanecer pleno de dicha y de gratitud hacia ti mismo y hacia la vida por la experiencia de meditación que has creado. Por último, es necesario volver a tus actividades cotidianas.

Anexos

Tabla 1. Constante del año de nacimiento

Años				Constante
1806	1858	1910	1962	8
1807	1859	1911	1963	113
1808	1860	1912	1964	218
1809	1861	1913	1965	63
1810	1862	1914	1966	168
1811	1863	1915	1967	13
1812	1864	1916	1968	118
1813	1865	1917	1969	223
1814	1866	1918	1970	68
1815	1867	1919	1971	173
1816	1868	1920	1972	18
1817	1869	1921	1973	123
1818	1870	1922	1974	228
1819	1871	1923	1975	73
1820	1872	1924	1976	178
1821	1873	1925	1977	23
1822	1874	1926	1978	128
1823	1875	1927	1979	233
1824	1876	1928	1980	78
1825	1877	1929	1981	183
1826	1878	1930	1982	28
1827	1879	1931	1983	133
1828	1880	1932	1984	238

Años				Constante
1829	1881	1933	1985	83
1830	1882	1934	1986	188
1831	1883	1935	1987	33
1832	1884	1936	1988	138
1833	1885	1937	1989	243
1834	1886	1938	1990	88
1835	1887	1939	1991	193
1836	1888	1940	1992	38
1837	1889	1941	1993	143
1838	1890	1942	1994	248
1839	1891	1943	1995	93
1840	1892	1944	1996	198
1841	1893	1945	1997	43
1842	1894	1946	1998	148
1843	1895	1947	1999	253
1844	1896	1948	2000	98
1845	1897	1949	2001	203
1846	1898	1950	2002	48
1847	1899	1951	2003	153
1848	1900	1952	2004	258
1849	1901	1953	2005	103
1850	1902	1954	2006	208
1851	1903	1955	2007	53
1852	1904	1956	2008	158
1853	1905	1957	2009	3
1854	1906	1958	2010	108
1855	1907	1959	2011	213
1856	1908	1960	2012	58
1857	1909	1961	2013	163

Tabla 2. Constante del día y del mes de nacimiento

1	2	3	4	5	6
26/07 1	23/08 29	20/09 57	18/10 85	15/11 113	13/12 141
27/07 2	24/08 30	21/09 58	19/10 86	16/11 114	14/12 142
28/07 3	25/08 31	22/09 59	20/10 87	17/11 115	15/12 143
29/07 4	26/08 32	23/09 60	21/10 88	18/11 116	16/12 144
30/07 5	27/08 33	24/09 61	22/10 89	19/11 117	17/12 145
31/07 6	28/08 34	25/09 62	23/10 90	20/11 118	18/12 146
01/08 7	29/08 35	26/09 63	24/10 91	21/11 119	19/12 147
02/08 8	30/08 36	27/09 64	25/10 92	22/11 120	20/12 148
03/08 9	31/08 37	28/09 65	26/10 93	23/11 121	21/12 149
04/08 10	01/09 38	29/09 66	27/10 94	24/11 122	22/12 150
05/08 11	02/09 39	30/09 67	28/10 95	25/11 123	23/12 151
06/08 12	03/09 40	01/10 68	29/10 96	26/11 124	24/12 152
07/08 13	04/09 41	02/10 69	30/10 97	27/11 125	25/12 153
08/08 14	05/09 42	03/10 70	31/10 98	28/11 126	26/12 154
09/08 15	06/09 43	04/10 71	01/11 99	29/11 127	27/12 155

1	2	3	4	5	6
10/08 16	07/09 44	05/10 72	02/11 100	30/11 128	28/12 156
11/08 17	08/09 45	06/10 73	03/11 101	01/12 129	29/12 157
12/08 18	09/09 46	07/10 74	04/11 102	02/12 130	30/12 158
13/08 19	10/09 47	08/10 75	05/11 103	03/12 131	31/12 159
14/08 20	11/09 48	09/10 76	06/11 104	04/12 132	01/01 55
15/08 21	12/09 49	10/10 77	07/11 105	05/12 133	02/01 56
16/08 22	13/09 50	11/10 78	08/11 106	06/12 134	03/01 57
17/08 23	14/09 51	12/10 79	09/11 107	07/12 135	04/01 58
18/08 24	15/09 52	13/10 80	10/11 108	08/12 136	05/01 59
19/08 25	16/09 53	14/10 81	11/11 109	09/12 137	06/01 60
20/08 26	17/09 54	15/10 82	12/11 110	10/12 138	07/01 61
21/08 27	18/09 55	16/10 83	13/11 111	11/12 139	08/01 62
22/08 28	19/09 56	17/10 84	14/11 112	12/12 140	09/01 63

7	8	9	10	11	12	13
10/01 64	07/02 92	07/03 120	04/04 148	02/05 176	30/05 204	27/06 232
11/01 65	08/02 93	08/03 121	05/04 149	03/05 177	31/05 205	28/06 233
12/01 66	09/02 94	09/03 122	06/04 150	04/05 178	01/06 206	29/06 234
13/01 67	10/02 95	10/03 123	07/04 151	05/05 179	02/06 207	30/06 235
14/01 68	11/02 96	11/03 124	08/04 152	06/05 180	03/06 208	01/07 236
15/01 69	12/02 97	12/03 125	09/04 153	07/05 181	04/06 209	02/07 237
16/01 70	13/02 98	13/03 126	10/04 154	08/05 182	05/06 210	03/07 238
17/01 71	14/02 99	14/03 127	11/04 155	09/05 183	06/06 211	04/07 239
18/01 72	15/02 100	15/03 128	12/04 156	10/05 184	07/06 212	05/07 240
19/01 73	16/02 101	16/03 129	13/04 157	11/05 185	08/06 213	06/07 241
20/01 74	17/02 102	17/03 130	14/04 158	12/05 186	09/06 214	07/07 242
21/01 75	18/02 103	18/03 131	15/04 159	13/05 187	10/06 215	08/07 243
22/01 76	19/02 104	19/03 132	16/04 160	14/05 188	11/06 216	09/07 244
23/01 77	20/02 105	20/03 133	17/04 161	15/05 189	12/06 217	10/07 245
24/01 78	21/02 106	21/03 134	18/04 162	16/05 190	13/06 218	11/07 246
25/01 79	22/02 107	22/03 135	19/04 163	17/05 191	14/06 219	12/07 247

7	8	9	10	11	12	13
26/01 80	23/02 108	23/03 136	20/04 164	18/05 192	15/06 220	13/07 248
27/01 81	24/02 109	24/03 137	21/04 165	19/05 193	16/06 221	14/07 249
28/01 82	25/02 110	25/03 138	22/04 166	20/05 194	17/06 222	15/07 250
29/01 83	26/02 111	26/03 139	23/04 167	21/05 195	18/06 223	16/07 251
30/01 84	27/02 112	27/03 140	24/04 168	22/05 196	19/06 224	17/07 252
31/01 85	28/02 113	28/03 141	25/04 169	23/05 197	20/06 225	18/07 253
01/02 86	01/03 114	29/03 142	26/04 170	24/05 198	21/06 226	19/07 254
02/02 87	02/03 115	30/03 143	27/04 171	25/05 199	22/06 227	20/07 255
03/02 88	03/03 116	31/03 144	28/04 172	26/05 200	23/06 228	21/07 256
04/02 89	04/03 117	01/04 145	29/04 173	27/05 201	24/06 229	22/07 257
05/02 90	05/03 118	02/04 146	30/04 174	28/05 202	25/06 230	23/07 258
06/02 91	06/03 119	03/04 147	01/05 175	29/05 203	26/06 231	24/07 259
Para el 29 de febrero utiliza los mismos valores que para el 28 de febrero			Día fuera del tiempo			25/07 260

Tabla 3. Calendario de las 13 lunas con los kin de identidad

Los días sombreados y los días de las dos columnas del centro se denominan «portales galácticos», y son especiales desde un punto de vista vibratorio.

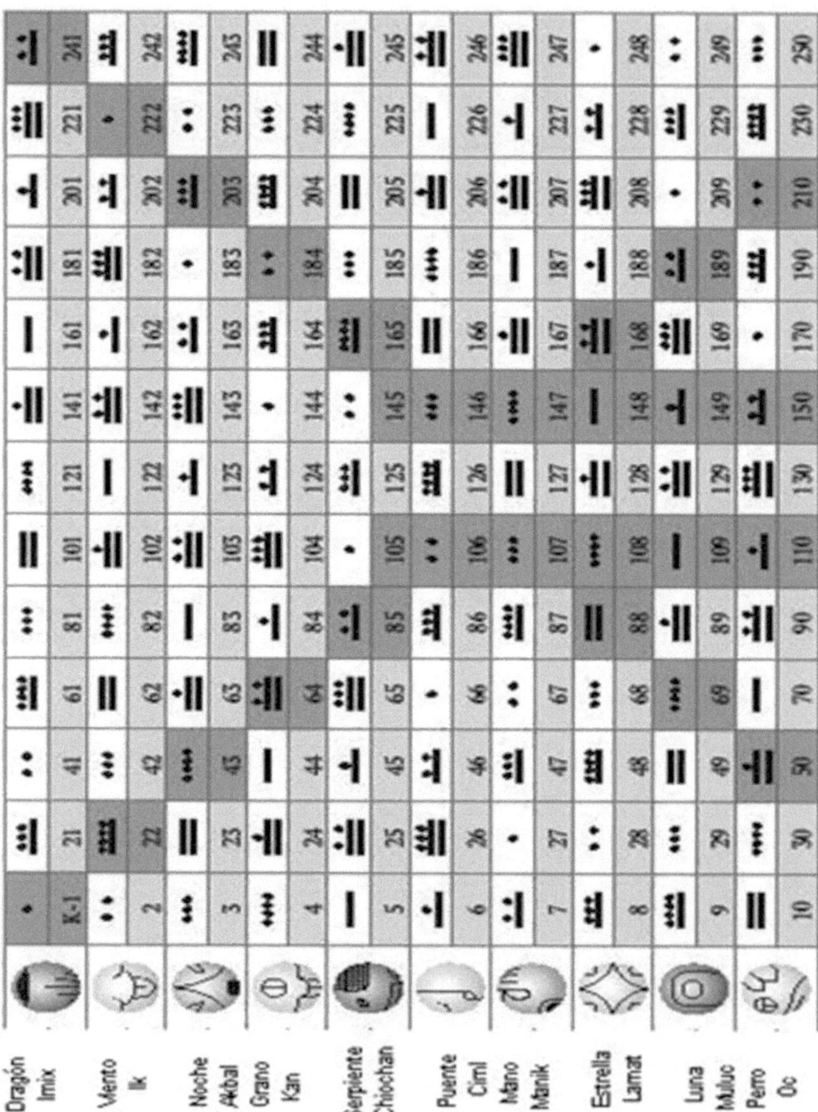

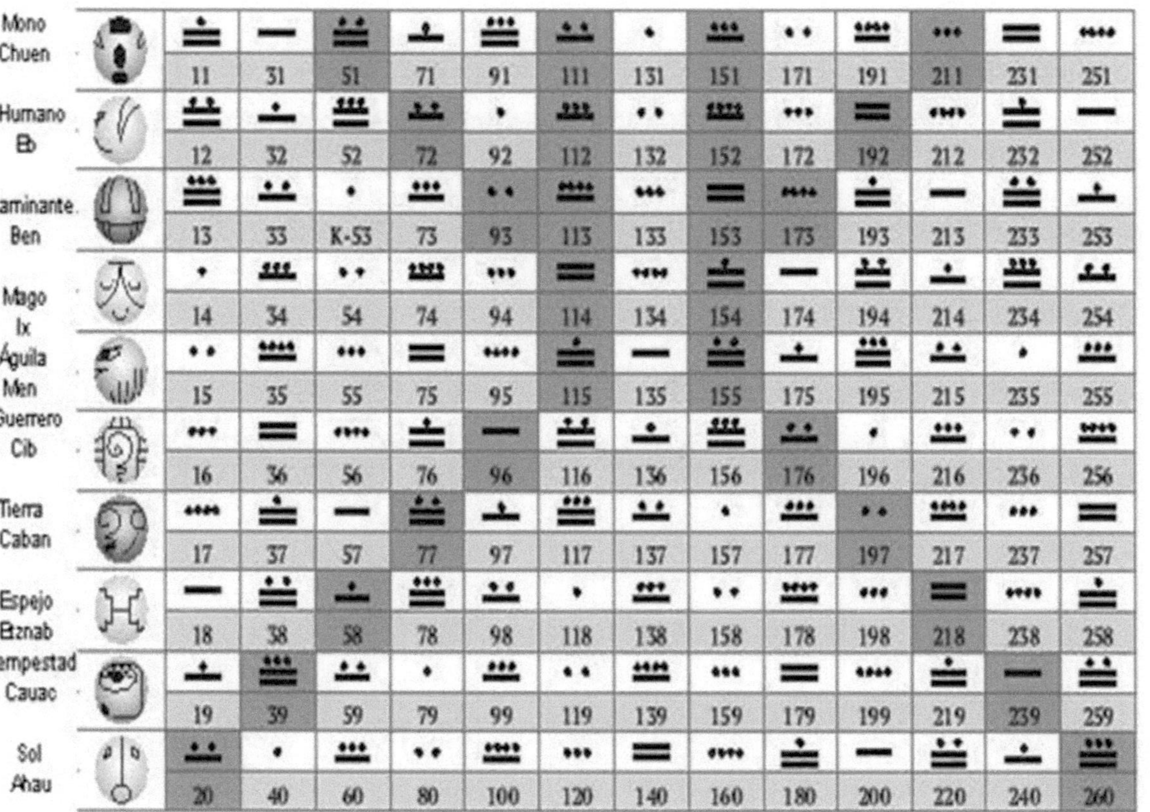

Mono / Chuen	11	31	51	71	91	111	131	151	171	191	211	231	251
Humano / Eb	12	32	52	72	92	112	132	152	172	192	212	232	252
Caminante / Ben	13	33	K-53	73	93	113	133	153	173	193	213	233	253
Mago / Ix	14	34	54	74	94	114	134	154	174	194	214	234	254
Águila / Men	15	35	55	75	95	115	135	155	175	195	215	235	255
Guerrero / Cib	16	36	56	76	96	116	136	156	176	196	216	236	256
Tierra / Caban	17	37	57	77	97	117	137	157	177	197	217	237	257
Espejo / Etznab	18	38	58	78	98	118	138	158	178	198	218	238	258
↑Tempestad / Cauac	19	39	59	79	99	119	139	159	179	199	219	239	259
Sol / Ahau	20	40	60	80	100	120	140	160	180	200	220	240	260

Tabla 4. Cálculo del glifo de origen

Glifo													
Dragón 1-Imix	1	5	13	17	5	9	17	1	9	13	1	5	13
	K-1	21	41	61	81	101	121	141	161	181	201	221	241
Viento 2-Ix	14	18	6	10	18	2	10	14	2	6	14	2	6
	2	22	42	62	82	102	122	142	162	182	202	222	242
Noche 3-Akbal	7	11	19	3	11	15	3	7	15	3	7	15	19
	3	23	43	63	83	103	123	143	163	183	203	223	243
Grano 4-kan	20	4	12	16	4	8	16	4	8	16	20	8	12
	4	24	44	64	84	104	124	144	164	184	204	224	244
Serpiente 5-Chiochan	13	17	5	9	17	5	9	17	1	9	13	1	5
	5	25	45	65	85	K-105	125	145	165	185	205	225	245
Puente 6-Cimi	6	10	18	6	10	18	2	10	14	2	6	14	18
	6	26	46	66	86	106	126	146	166	186	206	226	246
Mano 7-Manik	19	7	11	19	3	11	15	3	7	15	19	7	11
	7	27	47	67	87	107	127	147	167	187	207	227	247
Estrella 8-Lamat	12	20	4	12	16	4	8	16	20	8	12	20	8
	8	28	48	68	88	108	128	148	168	188	208	228	248
Luna 9-Muluc	5	13	17	5	9	17	1	9	13	1	9	13	1
	9	29	49	69	89	109	129	149	169	189	209	229	249
Perro 10-Oc	18	6	10	18	2	10	14	2	10	14	2	6	14
	10	30	50	70	90	110	130	150	170	190	210	230	250

Mono 11-Chuen		11	19	3	11	15	3	11	15	3	7	15	19	7
		11	31	51	71	91	111	131	151	171	191	211	231	251
Humano 12-Eb		4	12	16	4	12	16	4	8	16	20	8	12	20
		12	32	52	72	92	112	132	152	172	192	212	232	252
Caminante 13-Eb		17	5	13	17	5	9	17	1	9	13	1	5	13
		13	33	K-53	73	93	113	133	153	173	193	213	233	253
Mago 14-Ix		14	18	6	10	18	2	10	14	2	6	14	18	6
		14	34	54	74	94	114	134	154	174	194	214	234	254
Águila 15-Men		7	11	19	3	11	15	3	7	15	19	7	15	19
		15	35	55	75	95	115	135	155	175	195	215	235	255
Guerrero 16-Cib		20	4	12	16	4	8	16	20	8	16	20	8	12
		16	36	56	76	96	116	136	156	176	196	216	236	256
Tierra 17-Caban		13	17	5	9	17	1	9	17	1	9	13	1	5
		17	37	57	77	97	117	137	K-157	177	197	217	237	257
Espejo 18-Etznab		19	10	6	13	7	1	8	2	9	3	10	4	11
		18	38	58	78	98	118	138	158	178	198	218	238	258
Tempestad 19-Cauac		19	3	11	19	3	11	15	3	7	15	19	7	11
		19	39	59	79	99	119	139	159	179	199	219	239	259
Sol 20-Ahau		12	20	4	12	16	4	8	16	20	8	12	20	4
		20	40	60	80	100	120	140	160	180	200	220	240	260

Tabla 5. Averiguar la constante de los años

1900	187	1952	200	2004	213
1901	292	1953	45	2005	58
1902	137	1954	150	2006	163
1903	242	1955	255	2007	268
1904	88	1956	101	2008	114
1905	193	1957	206	2009	219
1906	298	1958	51	2010	62
1907	143	1959	156	2011	169
1908	249	1960	262	2012	275
1909	94	1961	107	2013	120
1910	199	1962	212	2014	225
1911	44	1963	57	2015	70
1912	150	1964	163	2016	176
1913	255	1965	268	2017	281
1914	100	1966	113	2018	126
1915	205	1967	218	2019	231
1916	51	1968	64	2020	77
1917	156	1969	169	2021	182
1918	261	1970	274	2022	287
1919	106	1971	119	2023	132
1920	212	1972	225	2024	238
1921	57	1973	70	2025	83
1922	162	1974	175	2026	188
1923	267	1975	280	2027	293
1924	113	1976	126	2028	139
1925	218	1977	231	2029	244
1926	63	1978	76	2030	89
1927	168	1979	181	2031	194
1928	274	1980	287	2032	300
1929	119	1981	132	2033	145
1930	224	1982	237	2034	250
1931	69	1983	82	2035	*95*

1952	175	1984	188	2036	201
1953	280	1985	293	2037	206
1954	125	1986	138	2038	151
1955	230	1987	243	2039	256
1956	76	1988	89	2040	102
1957	181	1989	194	2041	207
1958	286	1990	299	2042	312
1959	131	1991	144	2043	157
1940	237	1992	250	2044	263
1941	82	1993	95	2045	108
1942	187	1994	200	2046	213
1943	292	1995	45	2047	58
1944	138	1996	151	2048	164
1945	243	1997	256	2049	269
1946	88	1998	101	2050	114
1947	193	1999	206	2051	219
1948	299	2000	52	2052	65
1949	144	2001	157	2053	170
1950	249	2002	262	2054	275
1951	94	2003	107	2055	120

Tabla 6. Averiguar la constante del día y del mes de nacimiento

Día	Marzo	Abril	Mayo	Junio	Julio	Agosto
1	240	11	41	72	102	133
2	241	12	42	73	103	134
3	242	13	43	74	104	135
4	243	14	44	75	105	136
5	244	15	45	76	106	137
6	245	16	46	77	107	138
7	246	17	47	78	108	139
8	247	18	48	79	109	140
9	248	19	49	80	110	141
10	249	20	50	81	111	142
11	250	21	51	82	112	143
12	251	22	52	83	113	144
13	252	23	53	84	114	145
14	253	24	54	85	115	146
15	254	25	55	86	116	147
16	255	26	56	87	117	148
17	256	27	57	88	118	149
18	257	28	58	89	119	150
19	258	29	59	90	120	151
20	259	30	60	91	121	152
21	260	31	61	92	122	153
22	1	32	62	93	123	154
23	2	33	63	94	124	155
24	3	34	64	95	125	156
25	4	35	65	96	126	157
26	5	36	66	97	127	158
27	6	37	67	98	128	159
28	7	38	68	99	129	160
29	8	39	69	100	130	161
30	9	40	70	101	131	162
31	10		71		132	163

Día	Septiembre	Octubre	Noviembre	Diciembre	Enero	Febrero
1	164	194	225	255	26	57
2	165	195	226	256	27	58
3	166	196	227	257	28	59
4	167	197	228	258	29	60
5	168	198	229	259	30	61
6	169	199	230	260	31	62
7	170	200	231	1	32	63
8	171	201	232	2	33	64
9	172	202	233	3	34	65
10	173	203	234	4	35	66
11	174	204	235	5	36	67
12	175	205	236	6	37	68
13	176	206	237	7	38	69
14	177	207	238	8	39	70
15	178	208	239	9	40	71
16	179	209	240	10	41	72
17	180	210	241	11	42	73
18	181	211	242	12	43	74
19	182	212	243	13	44	75
20	183	213	244	14	45	76
21	184	214	245	15	46	77
22	185	215	246	16	47	78
23	186	216	247	17	48	79
24	187	217	248	18	49	80
25	188	218	249	19	50	81
26	189	219	250	20	51	82
27	190	220	251	21	52	83
28	191	221	252	22	53	84
29	192	222	253	23	54	85
30	193	223	254	24	55	
31		224		25	56	

Tabla 7. Calendario sagrado tradicional según la constante GMT

Algunos nombres de glifos son diferentes dependiendo de los calendarios.

En cada casilla se muestra un numeral maya de puntos y barras junto al número de día; a continuación el número de día se da con su coeficiente entre paréntesis.

Mono / Chuen	Camino / Eb	Bambú / Ben	Jaguar / Ix	Águila / Men	Búho / Cib	Tierra / Caban	Cuchillo / Eznab	Tempestad / Cahuac	Sol / Ahau
241 (7)	242 (8)	243 (9)	244 (10)	245 (11)	246 (12)	247 (13)	248 (1)	249 (2)	250 (3)
221 (13)	222 (1)	223 (2)	224 (3)	225 (4)	226 (5)	227 (6)	228 (7)	229 (8)	230 (9)
201 (6)	202 (7)	203 (8)	204 (9)	205 (10)	206 (11)	207 (12)	208 (13)	209 (1)	210 (2)
181 (12)	182 (13)	183 (1)	184 (2)	185 (3)	186 (4)	187 (5)	188 (6)	189 (7)	190 (8)
161 (5)	162 (6)	163 (7)	164 (8)	165 (9)	166 (10)	167 (11)	168 (12)	169 (13)	170 (1)
141 (11)	142 (12)	143 (13)	144 (1)	145 (2)	146 (3)	147 (4)	148 (5)	149 (6)	150 (7)
121 (4)	122 (5)	123 (6)	124 (7)	125 (8)	126 (9)	127 (10)	128 (11)	129 (12)	130 (13)
101 (10)	102 (11)	103 (12)	104 (13)	105 (1)	106 (2)	107 (3)	108 (4)	109 (5)	110 (6)
81 (3)	82 (4)	83 (5)	84 (6)	85 (7)	86 (8)	87 (9)	88 (10)	89 (11)	90 (12)
61 (9)	62 (10)	63 (11)	64 (12)	65 (13)	66 (1)	67 (2)	68 (3)	69 (4)	70 (5)
41 (2)	42 (3)	43 (4)	44 (5)	45 (6)	46 (7)	47 (8)	48 (9)	49 (10)	50 (11)
21 (8)	22 (9)	23 (10)	24 (11)	25 (12)	26 (13)	27 (1)	28 (2)	29 (3)	30 (4)
K-1 (1)	2 (2)	3 (3)	4 (4)	5 (5)	6 (6)	7 (7)	8 (8)	9 (9)	10 (10)

Caimán / Imix		11	31	51	71	91	111	131	151	171	191	211	231	251
Viento / Ink		12	32	52	72	92	112	132	152	172	192	212	232	252
Casa / Akbal		13	33	K-53	73	93	113	133	153	173	193	213	233	253
Lagarto / Kan		14	34	54	74	94	114	134	154	174	194	214	234	254
Serpiente / Chichan		15	35	55	75	95	115	135	155	175	195	215	235	255
Muerte / Cimi		16	36	56	76	96	116	136	156	176	196	216	236	256
Gamo / Manik		17	37	57	77	97	117	137	157	177	197	217	237	257
Conejo / Lamat		18	38	58	78	98	118	138	158	178	198	218	238	258
Luna / Muluk		19	39	59	79	99	119	139	159	179	199	219	239	259
Perro / Oc		20	40	60	80	100	120	140	160	180	200	220	240	260

Tabla 8. Cálculo para la constante 774080

La siguiente tabla te permite encontrar rápidamente los cinco glifos de la cruz maya del calendario tradicional con la constante 774080. **En este calendario el día comienza a mediodía.**

1900	190	1952	203	2004	216
1901	295	1953	48	2005	61
1902	140	1954	153	2006	166
1903	245	1955	258	2007	271
1904	91	1956	104	2008	117
1905	196	1957	209	2009	222
1906	301	1958	54	2010	65
1907	146	1959	159	2011	172
1908	252	1960	265	2012	278
1909	97	1961	110	2013	123
1910	202	1962	215	2014	228
1911	47	1963	60	2015	73
1912	153	1964	166	2016	179
1913	258	1965	271	2017	284
1914	103	1966	116	2018	129
1915	208	1967	221	2019	234
1916	54	1968	67	2020	80
1917	160	1969	172	2021	185
1918	264	1970	277	2022	290
1919	110	1971	12	2023	135
1920	215	1972	228	2024	241
1921	60	1973	73	2025	86
1922	165	1974	178	2026	191
1923	270	1975	283	2027	296
1924	116	1976	129	2028	142
1925	221	1977	234	2029	247
1926	66	1978	79	2030	92
1927	171	1979	184	2031	1997
1928	177	1980	290	2032	303

1929	122	1981	135	2033	148
1930	227	1982	240	2034	153
1931	72	1983	85	2035	98
1932	178	1984	191	2036	204
1933	283	1985	296	2037	309
1934	128	1986	141	2038	154
1935	233	1987	246	2039	259
1936	79	1988	92	2040	105
1937	184	1989	197	2041	210
1938	289	1990	302	2042	315
1939	134	1991	147	2043	160
1940	240	1992	253	2044	266
1941	85	1993	98	2045	111
1942	190	1994	203	2046	216
1943	295	1995	48	2047	61
1944	141	1996	154	2048	167
1945	246	1997	259	2049	272
1946	91	1998	104	2050	117
1947	196	1999	209	2051	222
1948	302	2000	55	2052	68
1949	147	2001	160	2053	173
1950	252	2002	265	2054	278
1951	97	2003	110	2055	123

Bibliografía

ANSA Luis, *La nuit des chamans*, Le Relié, 2005.
ANSA Luis, *Le mystère du Nagual : aspects inconnus du chamanisme*, Le Relié, 2010.
ANSA Luis, *Le quatrième royaume*, Le Relié, 1997.
ANSA Luis, *Le secret de l´aigle*, Albin Michel, 2000.
CASTANEDA Carlos, *Les enseignements d´un sorcier Yaqui*, Gallimard, 1973.
CLOW Barbara Hand, *Le code maya*, Alphée, 2007.
DONNER-GRAU, Florinda : Les portes du rêve, Alphée. 2006.
GOUGAUD Henry, *Les sept plumes de l´aigle*, Seuil, 1995.
RUÍZ Miguel, *La maîtrise de l´amour : apprendre l´art des relations*, Éditions Jouvence, 1999.
RUÍZ Miguel, *Le cinquième accord toltèque : la voie de la maîtrise de soi*, Éditions G. Trédaniel, 2010.
RUÍZ Miguel, *Les quatre accords toltèques : la voie de la liberté personnelle*, Éditions Jouvence, 1999.
SÁNCHEZ Víctor, Les enseignements de Don Carlos, Bear & Company, 1995.
SCOFIELD Bruce, ORR, Barry C., *How to Practice Mayan Astrology*, Bear & Company, 2006.
VOLLEMAERE Anton Leon, *Apocalypse maya 2012*, L. Courteau, 2009.

Para contactar con el autor, descubrir sus cursos y sus textos

jacksoneric@neuf.fr
www.coaching-evolution.net

+33 4 26 00 42 46

+33 6 62 51 32 26

Servicios propuestos para el desarrollo personal

Tu Diamante de Nacimiento

En tanto que ser humano creado por la Fuente, eres un Diamante que tan solo pide… ¡brillar! Para hacer brillar el Diamante que en realidad eres necesitas pulirlo, es decir, tomar conciencia y expresar cada una de sus facetas. Verdadera herramienta de conocimiento personal, esta «Carta Numerológica» basada en tu nombre + apellidos + fecha de nacimiento te revela en todas tus dimensiones… y, sobre todo, en las que te son desconocidas, a través de tu «Plan de Alma» compuesto de 24 facetas.

Tu Carta Astral en profundidad

Tu carta de nacimiento representa la estructura y el encaminamiento de tu alma, así como lo que ha decidido hallar en sus experiencias. Centrado en la dimensión psicológica y kármica, la Carta Astral revela tu estructura, tu funcionamiento, tus virtudes, tus contradicciones y tus posibilidades de expresión. Te ayuda a comprender algunas dificultades y esquemas de vida repetitivos para, en última instancia, resolverlos.

Tu Carta anual

Cada año (en la fecha de tu cumpleaños) se dibuja una nueva Carta para ti… Es tu Revolución solar (nuevo ascendente, nuevas configuraciones planetarias). Es el paisaje de tu año, con sus propuestas, las potencialidades que requieren expresión, las dificultades que han de trascenderse. Este estudio permite arrojar luz sobre tu año. Te ayuda a optimizarlo y a darle sentido. Alrededor de 15 páginas. Tarifa PDF enviada por email: 30€. Tarifa de la versión en papel: 50€.